本系列丛书为国家自然科学基金项目"全球化背景下中国农民合作组织发展：运营模式、治理结构与比较研究"（项目号：71020107028）和"农业产业组织体系与农民合作社发展：以农民合作组织发展为中心的农业产业组织体系创新与优化研究"（项目号：71333011）的成果。浙江大学"农林经济管理"国家重点（培育）学科对成果的出版给予了资助。特此致谢！

Member Participation in Farmer Cooperatives:
Connotation, Characteristics, and Mechanisms

农业产业组织与农民合作社研究系列丛书编委会名单

主编： 黄祖辉　　张晓山　　顾益康

编委： 苑　鹏　　徐旭初　　郭红东　　程恩江

　　　　潘　劲　　金少胜　　梁　巧

农业产业组织与农民合作社研究系列丛书

农民专业合作社成员参与：

内涵、特征与作用机理

邵科 著

ZHEJIANG UNIVERSITY PRESS
浙江大学出版社

总　　序

我国农村始于 20 世纪 70 年代末 80 年代初的家庭联产承包责任制改革，赋予了农民比较稳定的土地承包经营权，调动了其生产积极性与创造性，促进了农业与农村经济的迅速发展。但随着改革开放的深入，社会经济环境的变化以及传统村集体经济组织的逐步衰弱，其在产前、产中、产后的统一服务功能不断弱化，农民的农业生产逐步陷于小规模、分散化的困境与挑战。这种挑战主要表现在三个方面：一是小规模、分散化的农业家庭经营难以实现农业的集约化、专业化和规模化生产；二是小规模、分散化的农业家庭经营难以实现农业的产业化经营和纵向链条延伸；三是小规模、分散化的农业家庭经营难以适应日益激烈的农产品市场竞争。最终导致多数农户很难再依靠农业生产获得体面的收入，大量的农业剩余劳动力开始流向城镇和非农产业，现代农业发展举步维艰。

面对此困局，从 20 世纪 90 年代开始，以山东省潍坊市为代表，出现了农业产业化经营的新的生产经营方式，取得了相当不错的经营效益，随后以"公司＋农户"为主导的农业产业化经营模式开始被各地政府提到重要议事日程进行宣传推广。但这种模式在应用推广的过程中也逐步暴露出一些问题，主要体现在：农业企业与众多分散农户打交道的交易成本非常高；农业企业与农户不是利益共同体，两者的关系比较脆弱；农业企业较强势，容易侵占农民合法收益，农民与企业间市场地位和信息获取不对称。我校农业经济管理系的不少师生也正是从这一时期开始关注农业产业化问题的研究。

　　在这一时期,我们首先对农业产业化经营的概念、实质、关键问题等进行了初步剖析(李长江、袁克忠、袁飞,1997;傅夏仙,1999),提出了自己的初步思考(和丕禅、郭红东,1997;周洁红、柴彭颐,1999)。在介绍国外农业产业化的先进经验的同时(柴彭颐、周洁红,1999),也开始关注浙江农业产业化的发展实践(黄祖辉、郭红东,1999),注意到了实践领域中存在的"公司+农户"、"农户+农户合作中介组织+市场"等丰富多样的农业产业化形式(黄祖辉、郭红东,1997;郭红东、和丕禅,1998),试图对这些农业产业化的模式进行梳理,对农业产业化的指标、实现途径进行探索(罗庆成、潘伟光、朱允卫,1998;周洁红、柴彭颐,1998)。应该说这个阶段,我们关于农业产业化的理论研究小有收获,也协助政府部门回答了应该制定怎样的农业产业化支持政策的问题(周洁红、柴彭颐,1999;郭红东、黄祖辉、蔡新光等,2000)。

　　由于以"公司+农户"为主导的农业产业化经营面临着一些固有的内在缺陷,被认为能更好地代表和维护农民利益的农业合作社组织得以从20世纪90年代中后期开始获得重新宣传和引入,并从21世纪初逐步在浙江等地开始试验推广,这就给我们展开相关问题的深入研究提供了很好的实践动力。同时,浙江大学农业现代化与农村发展研究中心(教育部人文社科重点研究基地)、浙江大学中国农村发展研究院(国家"211工程"、"985工程"重点建设单位,以下简称中心、研究院)的相继成立,更是给我们的理论研究提供了很好的科研平台与制度保障。

　　从21世纪初开始,中心、研究院师生的研究首先讨论了农民进行生产经营合作的必然性和农民合作社发展的变革态势(黄祖辉,2000),介绍了合作社组织的思想宗旨(林坚、王宁,2002)与本质规定性(徐旭初,2003),辨析了国内对农民合作组织的认识误区(黄祖辉、Olof Bolin、徐旭初,2002),促使国内理论界和实践领域开始正确认识农民合作组织,极大地推动了农民专业合作经济组织的发展(黄祖辉、徐旭初,2003)。随后,在理论上深刻揭示了农民合作组织发展的影响因素(黄祖辉、徐旭初、冯冠胜,2002),尝试以浙江为基础解析农民专业合作组织的实践情况(郭红东、黄祖辉,2001),剖析农户参与合作组织的意愿(郭红东、钱崔红,2004;郭红东、方文豪、钱崔红，2005），分析影响农民参与合作组织行为的因素（郭红东、蒋文华，2004），考察合作组织在实施农产品质量控制等方面的作用（卫龙宝、卢光明，2004），并尝试基于政府的立场，提出农民专业合作经济组织应如何发展完善与创新的思路（郭红东，2002；郭红东，2003；郭红东等，2004）。应该说，在这个阶段，对于农民专业合作组织的理论研究工作奠定了中心、研究院在国内合作社理论界的基础地位，也促使浙江省农业厅等相关政府部门与我们展开深入合作，推动农民专业合作社在浙江省的立法工作。为此，中心、研究院一方面积极宣传介绍以北美为典型的国外合作社实践经验（郭红东、钱崔红，2004a；郭红东、钱崔红，2004b），系统梳理国外最新的合作社研究理论成果（郭红东、钱崔红，2005），同时，中心、研究院也与政府部门合作，高规格举办了农民合作组织的制度建设和立法安排国际学术研讨会（2005），阐述了合作社的制度与立法问题，并进行了国际间的比较（徐旭初、黄祖辉，2005），为《浙江省农民专业合作社条例》的起草和最终出台奠定了扎实的理论基础。《浙江省农民专业合作社条例》的立法经验也直接推动了《中华人民共和国农民专业合作社法》的出台（徐旭初，2005），中心、研究院的老师也为《中华人民共和国农民专业合作社法》的出台做出了重要贡献。浙江省和全国农民专业合作社的立法实践反过来也进一步推进了中心、研究院对于合作社组织制度安排等主题的深入研究，中心、研究院师生先后探讨了合作社的产权安排（徐旭初，2006；林坚、黄胜忠，2007）治理结构（黄祖辉、徐旭初，2006；邵科、徐旭初，2007）等问题，并尝试用交易费用理论等厘清合作社与投资者所有企业的边界（林坚、马彦丽，2006），解释合作社组织的集体行动逻辑（马彦丽、林坚，2006）。

这一阶段，中心、研究院的师生也没有忽视对农业产业化经营问题的理论探索。有些研究者在尝试使用契约理论分析、解析农业产业化经营的契约与组织形式问题（黄祖辉、王祖锁，2002；吴秀敏、林坚，2004），有些研究者展开了对农业（农产品）行业协会问题的研究，通过对国外相关发展经验的介绍（黄祖辉、胡剑锋，2002），对行业协会的特征、促进农业产业化经营的价值进行解析（郭红东，2002；胡剑锋、陆文聪，2004），试图提出我国农业行业协会的建设思路（胡剑锋、黄祖辉，2004）。更核心的研究主题一方面来自于从农户视角研究农业产业化经营问题(陆文聪、西爱琴,2005),聚集关键的农业龙头企业与农户的订单安排等利益联结机制问题(郭红东,2002;郭红东、蒋文华,2007);另一方面从农业龙头企业自身的发展维度,如治理结构安排、核心竞争力培育等进行理论聚焦(辛焕平、和丕禅、娄权,2006;彭熠、和丕禅、邵桂荣,2005;彭熠、和丕禅、邵桂荣,2006)。应该说,通过这段时间的努力,中心、研究院研究者清晰地认识到,要想进一步推动农业产业化发展水平的提升,既需要充分利用民间资本助力农业产业化(彭熠、黄祖辉、王健,2005;彭熠、和丕禅、李勇,2006),又需要嵌入于供应链视角发展农业产业化(张静、傅新红,2007),更需要协调发挥行业协会、公司、合作社等组织在农业产业化中的作用(郭红东、蒋文华,2007),其中农民专业合作社的作用尤为基础和关键。

随着2007年国家《农民专业合作社法》的颁布实施,中心、研究院师生进一步提高了对农民专业合作社重要性的认识,成立了中国农民合作组织研究中心(CCFC),创设了中国农民合作社研究网(www. ccfc. zju. edu. cn),强化了对合作社组织的理论研究。首先,正如2008年中心、研究院与国际劳工组织、农业部经管司(经管总站)等单位共同举办的"中国农村改革30年:中国农民合作经济组织发展国际研讨会"所达成的会议共识,研究者清晰地指出了与西方传统合作社的发展环境、成员与组织特征相比,中国当下的农民专业合作社发展有了新的形势(徐旭初,2008;徐旭初、邵科,2009;徐旭初、吴彬,2009),中国的农民专业合作社发展开始嵌入于供应链管理的环境(徐旭初,2007),合作社的本质性规定在中国发生了不同程度的飘移(黄祖辉、邵科,2009),新形势下的农民专业合作社发展面临多重困难与挑战(张忠根、王玉琳,2009),多类型的农民合作组织在中国具有存在的必然性(黄祖辉,2008),但仍然需要坚持市场化、专业化的合作社发展价值取向(黄祖辉、邵科、徐旭初,2010)。

其次,中心、研究院师生将更多的研究精力投入到对农民专业合作社组织制度安排与发展成长问题的研究。在组织制度安排上,治理结构与运行机制主题(黄胜忠、徐旭初,2009;吴彬、徐旭初,2013)、组织效率(绩效)问题(黄祖辉、梁巧,2009;黄祖辉、邵科,2010;黄祖辉、扶玉枝,2012;扶玉枝、黄祖辉,2012)是研究者重点聚焦的问题,产生了一批有分量的成果(黄胜忠、林坚、徐旭初,2008;黄祖辉、扶玉枝、徐旭初,2011;黄祖辉、扶玉枝,2013)。在组织发展成长上,中心、研究院师生重点关注了合作社成长、服务功能实现与纵向一体化经营的影响因素(郭红东、楼栋、胡卓红、林迪,2009;刘颖娴、郭红东,2012;黄祖辉、高钰玲,2012),注意到了农民专业合作社存在的融资难问题正在影响着组织的发展壮大(郭红东、陈敏、韩树春,2011),一些合作社在资本的控制下呈现出功能弱化的趋向(崔宝玉、李晓明,2008;崔宝玉、张忠根、李晓明,2008),当前需要允许农民专业合作社尽快开展信用合作试点(徐旭初,2011)。中心、研究院师生也非常重视基于成员视角研究成员参与行为的特征、影响因素,观察成员参与对合作社满意度等的影响(郭红东、杨海舟、张若健,2008;郭红东、袁路明、林迪,2009;蔡荣、韩洪云,2012;黄祖辉、高钰玲、邓启明,2012;邵科、徐旭初,2013)。

由于农民专业合作社的发展壮大,合作社在农业产业发展中的功效逐步显现,除了带领农户参与大市场、应对供应链的集体行动(黄祖辉、梁巧,2007;施晟、卫龙宝、伍骏骞,2012),其在农业生产标准化推广、技术贸易壁垒应对等方面的作用也不断凸显(赵建欣、崔宝玉、祁国志,2008;周洁红、刘清宇,2010),农民专业合作社正在改变农户的生产行为和收益情况(蔡荣,2011;蔡荣、韩洪云,2012)。

总体而言,面对不同于经典模式、反映中国时代特征的农民专业合作社发展(徐旭初,2012),中心、研究院师生借鉴委托—代理理论、交易成本理论等理论(梁巧、黄祖辉,2011),围绕农民专业合作社的组织制度安排、成员参与、产业带动等层面进行了非常有价值的探索,成为国内研究农民专业合作社的重镇。

实际上,最近十年来,中心、研究院老师在农业产业组织与农民合作社领域展开理论研究的同时,也培养了一批优秀的从事相关研究的博士生。以郭红东(2005)为代表,一些硕士、博士研究生围绕农业产业化主题分析了农业龙头企业与农户订单安排及履约机制等问题。以徐旭初(2005)为代表,另一批硕士、博士研究生围绕合作社主题对农民专业合作社的制度等进行了理论解析。而随着《中华人民共和国农民专业合作社法》的颁布实施、农民专业合作社的快速发展,中心、研究院硕士、博士研究生对农民专业合作社的理论研究更为深入,这套"农业产业组织与农民合作社研究系列丛书"正是其中的一部分代表性成果。

我们希望,在 2012 年全国农民专业合作社达到 68.9 万家,实有成员 5300 多万户,各类产业化经营组织超过 30 万个,带动农户达 1.18 亿户的新形势下,这批专著的出版能够进一步推动理论界的相关问题研究进展,吸引更多学人关注和参与分析讨论,也进一步促进农民合作社和其他农业产业组织的实践发展。同时,我们也意识到,即将出版的这几本专著由于各种主、客观原因,还存在一些问题和缺陷,因此殷切期盼读者能够提出批评指正,促使我们这些年轻的学人能够在未来的理论与实践研究中改进提高。

本系列丛书的出版得到了浙江大学国家"985 工程"三期项目的支持,得到了国家自然科学基金重大国际(地区)合作研究项目"全球化背景下中国农民合作组织发展:运营模式、治理结构与比较研究"(项目号:71020107028)和国家自然科学基金农林经济管理学科群重点项目"农业产业组织体系与农民合作社发展:以农民合作组织发展为中心的农业产业组织体系创新与优化研究"(项目号:71333011)的资助,在此一并表示感谢。我们还要感谢浙江大学出版社的编辑们为本系列丛书的出版所付出的辛勤劳动。

黄祖辉

2013 年 12 月于浙大华家池

目　录

图目录

表目录

1 绪 论

1.1 问题的提出

改革开放以来,中国的农业与农村经济发展取得了举世瞩目的成就,主要农产品的供求关系发生了根本性变化,农业综合生产能力也已稳定地迈上了新台阶(张红宇,2000),但人多地少、农业小规模的家庭经营模式仍是中国的基本国情(陈锡文,2009),城乡差别大,农业基础弱的情况没有发生根本改变。加入世界贸易组织(WTO)后、融入世界一体化进程给农民和其他农业生产者提供了更为广阔的农产品销售市场,但融入全球化经济也充满着各种挑战。对于发展中国家的小农而言,"入世"意味着他们要面临来自国内其他农业生产者更为激烈的竞争,也意味着要迎接来自世界其他国家农业生产者的挑战(Rola-Rubzen & Hardaker,2006)。中国和其他很多发展中国家一样,同样面临如何让小农户顺利进入大市场的难题。

越来越多的证据表明,农民组织给小农提供了更为有效的参与市场竞争的方式(Markelova et al.,2009)。集体化的行动使小农在降低投入品采购和农产品销售等交易成本、获得必要的市场信息、安全获得新技术以及进入高价值市场等方面获得了更好的机遇,也允许他们与大农户和农商业主进行竞争(Stockbridge et al.,2003)。这些农民组织包括农民团体、合作社和农民俱乐部等不同的组织形式(Lapar et al.,2006),这其中尤以合作社组织最为重要。

合作社组织兴起于欧美第一次工业革命时期(1860—1940)社会经济剧变的大背景下。当时在英国,以家庭为基础的村舍工业生产为工厂体系所取代,工人开始远离土地和家园,进入城镇工厂体系工作,他们被迫工作于艰苦环境中,靠微薄的工资度日。但仍然待在农村的人的生存境遇也不好,更多人在当时"羊吃人"的土地兼并整合过程中,或成为农业工人,或被驱赶且缺少工作机会(Zeuli & Cropp,2004)。在当时缺乏政府公共援助的情况下,英国中下层阶级和其他欧洲国家百姓一样,建立起了各种类型的自助组织,这其中就包括以罗虚代尔消费社为代表的合作社组织。在随后的时间里,合作社组织不但在欧洲的消费合作领域取得了发展,并且逐渐扩展到金融等其他产业领域,尤其在农业领域得到了巨大的应用推广,其中,丹麦是农业合作社发展最早也是最为成功的欧洲国家之一(Zeuli & Cropp,2004)。随后,合作社的发展也扩展到了以美国为代表的北美地区。美国从英属殖民地时代开始就一直种植经济作物,具有鲜明的出口导向特征与市场经济属性。但由于农民分散居住,农场又距离市场较远,美国农民的农业生产并不确定,很长一段时间内铁路公司和中间商在农产品产销链上占有主导话语权。美国农民为了摆脱这种局面,开始组建营销合作社,并将合作社的业务拓展到了农资供给、电力、电话等服务领域(Birchall,1997)。

到目前为止,全球已有超过 8 亿合作社成员,合作社总共雇佣有 1 亿左右的员工;联合国更是估计全球有接近 30 亿的人口受益于合作社组织[1]。这其中农业合作社占据着尤为重要的位置,比如,在国际合作社联盟(ICA)来自 89 个国家的 240 个成员组织里[2],农业类合作社就拥有 36%的比例[3],在合作社所有部门类别里所占比例最大;在全球最大的 300 家各行业类别的合作社里,食品与农业行业的合作社比例也高达 32.6%,所占比例明显高于零售和金融类合作社的 24.7%和 21.8%[4]。

---

[1] *Statistical Information on the Co-operative Movement*, http://www.ica.coop/coop/statistics.html.

[2] *Welcoming new Members to the ICA Family*, ICA Digest No. 68, January 2010, http://www.ica.coop/publications/digest/68-digest.pdf.

[3] *More about ICAO*, http://www.agricoop.org/about/about.htm.

[4] Global 300: The True Scale of the Global Co-operative Movement, ICA Annual Report 2006, http://www.ica.coop/publications/ar/2006annualreport.pdf.

从 1900 年台北县三峡农会成立[①]和 1918 年北京大学消费合作社创办开始,中国[②]曾在 20 世纪二三十年代出现过合作社发展的小高潮。1934 年,当时的国民政府明令公布《合作社法》,随后实业部拟定《合作社法施行细则》,1935 年,实业部以部令公布《合作社法》及其施行细则并实施(许文富,2003)。当时的理论界也涌现出了像薛仙舟、晏阳初、梁漱溟等优秀的合作经济与乡村建设学者。

新中国成立后,合作社运动曾经经历了一段曲折时期,人民公社的集体化运动背离了农民成员的意愿和利益,并最终导致这种集体经济的解体(徐旭初,2005),但随着 20 世纪 80 年代家庭联产承包责任制的推行,中国又迎来了农民专业合作组织发展的新机遇,以浙江省为典型,不少地区进行了农民专业合作组织的积极探索发展,并最终促成了 2007 年 7 月《中华人民共和国农民专业合作社法》的正式颁布实施。此后,《农民专业合作社登记管理条例》、《农民专业合作社示范章程》和《农民专业合作社财务会计制度(试行)》等相关配套法规条文也相继出台。这些政策措施极大地推动了近些年来中国农民专业合作社的大发展,合作社总数、成员数量、成员出资额等都出现明显的增长(见表 1.1)。

但是,不可忽视的是,欧美发达国家农业合作社的萌芽和成长与资本主义市场经济发展几乎同步进行,合作社在初始发展阶段进行自我服务的益贫(pro-poverty)功能突出,直到最近几十年才逐步发展转型以应对市场经济环境的转变。中国改革开放后农民专业合作组织的发展被社会各界寄予厚望,希望它以服务农民成员为核心,发挥在欧美国家曾经扮演过的经典益贫角色。但无法否认的是,中国改革开放后重新兴起的农民专业合作社从萌芽阶段开始就已赶上全球一体化环境,面临全球农业跨国公司和各国农产品大量进入中国市场的态势;从初始阶段就面临中国农业产业化早于农业合作化、农业龙头企业盘踞农业产业链的局面;从起步阶段就遭遇农村青壮年劳动力大量流入城镇、农民群体分化加剧的情势。中国的农民专业合作社从发展组建开始就遭遇农产品由"买方市场"转向"卖方市场"、结构性

---

① 当时称三角涌农会,于 1900 年成立,参见台北县三峡镇农会网:http://sansia.tpcgo.org.tw/.
② 如无特别说明,文中的"中国"都是指除港、澳、台地区以外的中国其他广大地区。

过剩的情况;就必须面对消费者总体收入水平提高、食品安全与环保意识增强、需求差异性凸显的现实;就必须面对产业链下游大中型超市控制市场话语权的挑战。

表 1.1　中国工商登记农民专业合作社情况(2007－2012 年)

年　份	合作社数(万个)	出资额(亿元)	工商登记成员数(万人)	实有成员数(万人)
2007	2.64	311.66	35.00	210.00
2008	11.09	880.16	141.71	1200.00
2009	24.64	2461.36	391.74	2100.00
2010	37.91	4545.77	715.57	2900.00
2011	50.90	7200.00	1191.20	3444.00
2012	68.90	11000.00	—	5300.00

资料来源:农业部经管司、农经总站和农干院:《中国农民专业合作社发展年报(2006－2010)》,中国农业出版社 2011 年版;农业部经管司、经管总站:《2011 年农民专业合作社发展情况》,《农村经营管理》2012 年第 5 期;陈晓华:《在全国农村经营管理工作会议上的讲话》,农业部网,2013 年 5 月 13 日;乔金亮:《全国农民合作社超 68.9 万家》,《经济日报》2013 年 6 月 5 日。

也就是说,中国的农民专业合作社自发展伊始就面临多重嵌入的复杂外部社会经济环境,不仅嵌入于全球化、市场化、工业化、城市化等现代化复合进程中,而且嵌入于中国特色社会主义的政治与法律制度环境中;不但嵌入于城市与乡村,东、中、西部发展差异凸显的局势中,也嵌入于小农经济与传统乡村文化浓厚,缺乏民主实践的传统格局中;既嵌入于农业产业链整合加剧的态势中,又嵌入于生物、信息等技术革新、物流配送变革的现况中,更嵌入于农民群体异质性、能人不足的结构中(徐旭初,2008)。

因此,与欧美发达国家相比,当前中国的农民专业合作社在发展的初级阶段,面临着截然不同的发展环境,这使中国农民专业合作社在以往的发展历程中既具有像浙江等地的自发发展特征(郭红东等,2004;张晓山,2005),又具有各级政府部门对当地农民专业合作社的大力扶持与推动发展特征[①](孔祥智和史冰清,2009b;苑鹏,2009b);也使中国农民专业合作社领办(发起)主体多样,领办者(发起人)中既有农产品生产、营销大户,又有农业龙头企业与供销社指派的工作人员,还有村干部、乡镇涉农部门人员等(张晓山,2009;王曙光,2010)。更使中国的农民专业合作社组织虽然经营内容(产品)仍然较少,组织资产不多,但可能以追求利润最大化为导向,强调生产经营效益,企业化经营思路明显;虽然仍然只能销售未加工或粗加工的低附加值产品,但可能不再完全地实行成员与生产导向;虽然仍然奉行开放的成员资格,但所有权却可能开放给很多非农个体及机构投资者。并且更为可能的是,在每一个合作社内,组织成员也呈现了鲜明的异质性特征(黄胜忠,2009;郭晓鸣和廖祖君,2010),这些成员在利益诉求(偏好)、生产经营规模、个人能力与社会关系等方面都存在鲜明差异(黄胜忠和徐旭初,2008;张忠根和王玉琳,2009)。以至于有专家学者认为当前专业化的合作社发展道路出现了"大农吃小农"和合作社的"精英俘获"问题(课题组,2009;仝志辉和温铁军,2009),严重影响到了合作社的可持续健康发展和人们对合作社的组织认定。

通过对欧美国家以往合作社发展经验的总结可以发现,民主控制是合作社区别于公司等其他企业组织的本质规定性之一(Anderson,1987;Anderson & Henehan,2003;Zeuli,2006),正是基于组织的民主控制,才确保了合作社惠顾(patronage)额返还,以及资本报酬有限等其他本质性规定的实现,使合作社从根本上有别于股份公司等其他普通企业组织(Birchall,2003;Crooks,2004;Pezzini,2006),从而确保实现合作社的持续健康运作,最终实现中下层人士依托合作社进行自我服务、满足基本社会经济文化生活需求的经典组织宗旨。

实施合作社民主控制的主体正是广大的合作社成员,正是依托于成员的积极参与,合作社的民主控制和日常的业务展开才能顺利实现,成员参与是合作社最为核心也是最为特殊的组织特征。许多合作社走向失败的关键原因之一在于缺少成员惠顾(Sexton & Iskow,1988),相反,成员的积极参与和他们对合作社业务的忠实惠顾换来了许多合作社的成功(Hakelius,1996),

---

① 特别是在 2007 年《农民专业合作社法》颁布实施之后。

因此合作社的成员参与在欧美发达国家一直被视为非常重要的问题，也是许多学者的研究主题（Fulton & Adamowicz，1993；Birchall & Simmons，2004a；Laursen et al.，2008）。国际合作社实务部门对此也有着比较明确的认同，比如国际合作社联盟（ICA）的七项原则对此有明确表述，其中第二条单独强调了"成员民主控制"——合作社是由成员控制的民主组织，成员积极参与制定政策和进行决策，选举产生的男女成员代表对全体成员负责，基层社的成员拥有平等的选举权（一人一票），其他层级的合作社也应该通过民主的方式进行组织。七项原则的第三条"成员经济参与"和第四条"自治与独立"，也强调了成员对合作社的民主控制①。因此，理论上而言，要解决中国农民专业合作社发展面临的组织为少数能人掌控的问题，使普通成员在组织内拥有足够话语权，实现合作社的规范治理，确保合作社益贫（pro-poverty）宗旨的实现，其根本策略正是通过强化合作社的成员民主控制，有效落实和完善合作社成员对组织事务的参与。

但必须意识到，欧美发达国家农业合作社成员参与下的民主治理成功是建立在西方几百年来民主社会发展基础之上，是基于成员规模化、专业化生产的职业素养与能力，是以合作社组织百余年民主治理的实践经验为依托。而中国当下发展农民专业合作社的复杂性在于：中国的农村并不具有民主治理的传统，农民并不具备民主参与的文化，合作社的组织管理缺乏民主实践的经验；合作社农民成员的个体生产经营规模偏小，传统乡村共同体和小农经济文化浓厚，农民成员个体特征异质性已相当凸显，并已影响到了成员间博弈格局、合作社的组织制度安排和民主规范运行（黄胜忠和徐旭初，2008；张雪莲和冯开文，2008；任大鹏和郭海霞，2009）；而且，中国当前的农民专业合作社又普遍存在着组织结构松散、运营资本不足、核心能人缺乏等问题（王厚俊和孙小燕，2006；胡宗山，2007；唐华仓，2008），使尚处于发展初期的中国农民专业合作社还无法在整体上与农业龙头企业相抗衡，市场竞争力仍然不足，面临严重生存挑战。

所以，当下中国农民专业合作社的成员参与行为在成员异质性状态和市场竞争压力下，有可能与西方传统状态有着明显差异，只是国内理论界对此

---

① *Statement on the Co-operative Identity*，http://www.ica.coop/coop/principles.html.

还缺乏科学认知和系统阐释。虽然国内学界开始尝试对农民专业合作社的成员民主治理与控制机制问题进行分析探讨(苑鹏,2008a;国鲁来,2008;郭艳芹和孔祥智,2009),但成员在农民专业合作社中的参与情况在理论上基本处于"黑箱①"状态,缺乏较为系统的解剖与阐述,成员参与对于合作社绩效影响的实证研究更是缺乏。即成员的参与动机是什么,有着怎样的参与行为,参与合作社事务是否有利于成员的自我收益提高?在合作社面临巨大生存压力的情况下,成员参与是否有助于完善合作社组织结构,进而是否有助于合作社的绩效提升?国内的理论界对这些问题缺乏深刻的认识,也无法准确指导实务界如何推进合作社成员民主参与下的规范治理,以避免合作社出现少数核心成员控制、益贫宗旨出现漂移的不良现象。

因此,本书希望从理论上阐明基于中国情境的农民专业合作社成员参与的内涵,以及成员参与对成员和对合作社可能产生的影响,说明其作用机理,并运用微观数据进行实证检验。为了更清晰地阐明本书的研究思路,有必要先对一些关键概念进行界定。

1.2 概念界定

1.2.1 农民专业合作社

"农民专业合作社"(specialized farmers cooperatives)是一个中国化的概念,国际上对于此类特殊企业组织使用"合作社"(cooperatives)概念,并根据其产业类别不同分为农业合作社、渔业合作社、消费合作社与金融合作社等。国际上关于合作社的定义清晰界定于1895年,由目前全世界最大的非政府组织——国际合作社联盟(ICA)界定,即"合作社是由自愿联合的人们,通过其共同拥有和民主控制的企业,满足他们共同的经济、社会和文化需要及理想

---

① 在传统的新古典经济学家看来,企业不过是一个特殊的生产函数——一个内部没有"摩擦"的"黑箱","企业的本质"(Coase,1937)开创了对于企业性质等企业组织研究的新时代,打开了企业组织的"黑箱",此后,理论研究者开始大量展开对组织内部的研究,以科斯理论为基础的现代企业理论,包括产权理论、交易成本理论、委托代理理论等成为现代企业主流理论(黄桂田、李正全,2002;王询,1998;王永长,1999)。本书套用"黑箱"的概念,用以比喻当前国内对成员参与理论缺乏研究的状态。

的自治联合体①"。

中国"农民专业合作社"的权威定义来自于《中华人民共和国农民专业合作社法》(以下简称《农民专业合作社法》)的界定。在这之前中国学术界和政府部门等对农业类合作社的称呼包括了"农民专业协会"、"农村合作经济组织"、"农民专业合作经济组织"、"农民合作组织"、"农民专业技术协会"和"农民专业合作组织"等，这些称呼看似杂乱、繁多，但实际上从"农民专业技术协会"、"农民专业协会"、"农民专业合作经济组织"到"农民专业合作社"的称呼变化正体现了从 20 世纪 80 年代以来，中国农业类合作社组织在市场化取向下的功能演变，即由一开始的关注技术，到后来从技术领域走向更广阔的产、销、加工等环节。2000 年以后，正式出现"农民专业合作社"的称谓，这一称谓随着 2004 年《浙江省农民专业合作社条例》在浙江省人大的审议通过而在浙江省内得到确认，此后其他省份也开始使用这一称呼。《农民专业合作社法》颁布和正式实施后，"农民专业合作社"成为社会各界对中国农业领域合作社组织的主流称谓。

因此，本书也使用"农民专业合作社"概念，它的具体定义来自《农民专业合作社法》第一章第二条："农民专业合作社是在农村家庭承包经营基础上，同类农产品的生产经营者或者同类农业生产经营服务的提供者、利用者，自愿联合、民主管理的互助性经济组织。"②只要经中国工商部门认定和正式登记的合作社组织都属于农民专业合作社范畴。

需要指出的是，近些年来，在政府部门出台优惠政策鼓励扶持农民专业合作社发展的过程中，一些地方出现了为专家、学者所诟病的以套取政府项目资金等为目的运行不规范的合作社，影响了人们对农民专业合作社的形象认知，但这并不影响本书对农民专业合作社的概念认定。此外，由于中国当前农民专业合作社的持续发展，其产业范围实际上已经从相对狭窄的种养业扩展到了农林牧副渔等大农业领域，并正在向旅游业、手工业以及资金互助等乡村地区其他非农领域延伸，因而其在国际上所对应的合作社类型已经超

① *What is a co-operative? International Co-operative Alliance*（ICA），http://www.ica.coop/coop/index.html.

② 《中华人民共和国农民专业合作社法》，中央政府网，http://www.gov.cn/ziliao/flfg/2006-10/31/content_429392.htm.

出了农业合作社的范畴,正在陆续涵盖国际合作社联盟(ICA)所涉及的绝大多数产业领域范畴。本研究所涉及的合作社仅限于种养业。

1.2.2　合作社成员

所谓合作社成员,即合作社组织的成员。在欧美发达国家,成员的界定是清晰的,成员和非成员的边界是清楚的。虽然国际合作社联盟(ICA)的七项基本原则第一条阐述了"自愿和开放的成员资格——合作社向能利用其服务并愿意承担成员责任的所有人开放,没有性别、社会、种族、政治或宗教歧视[①]"。但任何人要想申请成为某一合作社组织的成员,必须得按照该组织规定的申请程序操作。得益于欧美发达国家长期形成的契约精神熏陶和合作社的悠久历史和发展实践,合作社组织都有完善的入社程序和手续。具体而言,成员要提交自己的个人信息,然后组织会对申请入社的成员信息进行审核,商谈是否同意其入社,特别像新一代合作社类型,往往有比较严格的入社要求(包括对成员生产规模、与合作社的惠顾规模和对合作社的投资规模等都有规定)。如果合作社同意申请者入社,组织会和申请者签订一份具有法律效力的入社协议,协议上或者协议附则上会附上成员的权利和义务等内容,履行完入社手续后,成员就会在合作社的(电子)资料库里面登记在册,之后双方就会开始按照协议约定行事。相应的,如果成员想要退社,也会有相应的合作社制度和程序规定。因此不存在所谓的合作社成员身份的界定模糊问题。

中国的问题在于,《农民专业合作社法》的第十四条、第十五条和第三十六条分别对于合作社成员资格、成员名册、成员结构和成员账户有着明确的规定[②],理论上而言,合作社的成员构成,以及成员和非成员的边界也是清晰的。但是由于在合作社工商注册登记时登记和变更成员的手续繁琐,合作社往往只选择登记少数成员的名字,再加上很多合作社缺乏主动前往工商局进行成员变更登记的法律意识,这就使很多合作社成员并没有在政府部门登记

---

①　*Statement on the Co-operative Identity*,http://www.ica.coop/coop/principles.html.

②　具体见《中华人民共和国农民专业合作社法》全文.中华人民共和国中央人民政府网:http://www.gov.cn/ziliao/flfg/2006－10/31/content_429392.htm.

在册，而很多已经退社的人员仍然登记在列，最终使工商部门掌握的成员情况和合作社的实际成员情况存在明显偏差；另一方面，由于很多合作社发展时间尚短，组织制度不完善，或者组织制度仅停留在了形式上，并没有得到严格执行，使申请者在加入合作社时可能并没有签订正式的协议（合同）文本，合作社也可能没有为成员设立成员账户，也不针对新入社的成员进行专门的培训与介绍，这使得成员的入社仪式感不强，成员对合作社的认识不清，组织认同度偏低。而且由于确实存在一部分运行不规范的合作社超量收购非成员产品，给成员与非成员所实际提供的服务功能基本无差别，合作社为少数核心成员掌控，社内其他成员参与程度不够等问题，使社会各界人士对合作社成员边界的认识模糊，也严重干扰了大家对合作社的组织认定。

不过，对于本研究而言，成员和非成员的边界还是可以清晰界定的，因为多数合作社组织中都会有详细的成员名册，名册上载有成员的姓名、身份证号等信息，很多合作社成员入社时还会在名册上签名或者按手印，因此就像本书认同只要经工商部门认定和正式登记的合作社组织都属于农民专业合作社范畴一样，本书也认同只要在经成员大会审议的成员花名册上登记在册，那么该个体就属于合作社的成员。至于双方是否签订有单个的入社协议，合作社是否为成员设立成员账户、并且是否在账户上记录该成员的出资额等信息，都属于操作制度化和规范化程度的问题；而成员在入社后欠缺对合作社的组织承诺（organizational commitment），成员对于合作社的正式契约执行不到位，成员和合作社间欠缺稳定的心理契约（psychological contract）等情况，说明的是成员对于合作社的认同度以及参与程度较低的问题。这些都不影响对某个体是否为合作社成员的认定。

进一步而言，本书实证分析所用的合作社成员样本仅限农民成员，其名单由合作社提供，并且在具体访谈时由调研员对其进行成员身份确认（比如请被访谈者回答其是否是合作社的农民成员等），以确保调研抽样能符合研究需要①。

---

① 具体抽样设计请见第 3 章的数据采集说明。

1.2.3 参与和成员参与

由于"参与"(participation)概念在欧美资本主义国家的不证自明性,因此很难在英文文献中找到关于"参与"的特别定义,但可以把它简单认定为人们参加政治、经济、社会文化以及其他社会生活不同方面活动的过程(Sidorenko,2006)。国内理论界有对"参与"的通俗解释,如汝信(1988)指出,1952年联邦德国政府为了缓和劳资矛盾,首先提出由雇员代表参加有关企业的管理决策,不久,类似"参与"措施便迅速为西欧一些国家竞相采纳,最终使得"参与"作为一种民主形式的思想,为西方社会生活的一切领域所公认,它体现了受到各种社会和政治机构决策巨大影响的人们,参与这些决策制定过程的权利。

在过去的几十年时间里,随着实践领域的发展,"参与"概念衍生出了诸如"公民参与"、"民主参与"、"政治参与"、"公共参与"和"员工参与"等类别,并有相对清晰的概念界定(Arnstein,1969;Schonfeld,1975;Conge,1988;Smith,2003)。比如就"员工参与"概念而言,美国会计办公室(GAO)对此的定义为"提供雇员以影响他们工作和工作环境的决定机会"(转引自 Drehmer、Belohlav& Coye,2000)。Locke 和 Schweiger(1979)对员工参与的定义为"共同的决策制定"(转引自 Harber、Marriott & Idrus,1991)。

"成员参与"(member participation)也正是从"参与"概念衍生而来,一些研究者对"成员参与"概念的界定中都包含有会员型组织中会员对组织各种活动事项的参加(Langerak et al.,2003;Dakurah、Goddard & Osuteye,2005;Woldemariam,2008)。因此,本书中的"成员参与"指的是:依法加入农民专业合作社的成员个体,通过多种形式参加合作社的生产经营活动。也正是通过广大成员在各项合作社事务上的积极参与,才使农民专业合作社各种组织活动能够有效运行,进而确保农民专业合作社的民主控制的实现,使农民专业合作社能够从本质上有别于其他企业组织。

需要特别指出的是,虽然《农民专业合作社法》规定从事与农民专业合作社业务直接有关的生产经营活动的企业、事业单位或者社会团体,可以依法入社,成为农民专业合作社的成员,但一方面这些团体成员在合作社全体成员中所占比例很少①,只有一个或者几个;另一方面,他们一般也会派个体成员代表组织参与合作社的活动,因此本书中"成员参与"概念中的成员是指自然人,并且这些自然人都是农民②。

1.3 结构框架

1.3.1 研究思路

本书认为,处于社会经济转型时期的中国农民具有个体特征异质性,这些农民成员在加入农民专业合作社时会抱有不同的参与(入社)动机,形成不同的参与视野,使进入合作社后的农民成员所扮演的惠顾者(使用者)、所有者(投资者)与管理者(控制者)的角色和相应的参与行为都不尽相同,进而,这种差异性的参与角色和参与行为既会影响到成员的参与效果(包括成员收益与成员满意度),又会影响到合作社组织的结构与绩效。其中,在合作社层面,成员通过资本参与形成股权结构进而影响合作社绩效,通过业务参与形成惠顾结构进而影响合作社绩效,通过管理参与形成治理结构进而影响合作社绩效。本书的研究思路可以用图1.1说明。

1.3.2 内容安排

本文内容与章节安排见图1.2,并作如下具体说明:

第1章:绪论。说明本书为什么要研究合作社成员参与,并在对关键性学术词汇概念进行界定的基础上提出本书的结构框架,说明本书可能的研究创新点。

第2章:文献综述。首先对民主和民主参与理论进行综述,然后对企业的员工参与理论进行综述,进而综述合作社和成员参与的最新理论,从而为本

---

① 《农民专业合作社法》第三章第十五条规定:成员总数二十人以下的,可以有一个企业、事业单位或者社会团体成员;成员总数超过二十人的,企业、事业单位和社会团体成员不得超过成员总数的百分之五。

② 《农民专业合作社法》第三章第十五条规定:农民专业合作社的成员中,农民至少应当占成员总数的百分之八十。

书研究框架开展奠定理论基础支撑与研究思路借鉴①。

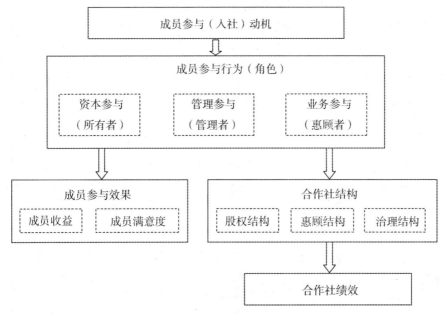

图 1.1 本书研究思路

第3章:数据采集说明。本章详细交代本书实证数据的调研区域与对象、抽样与问卷设计以及数据基本情况。

第4章:成员异质性与参与动机。从理论上说明中国当下农民的特征异质性,解释农民成员的参与(入社)动机复杂性,提出农民成员参与(入社)动机的影响因素,并借助二元 Logistic 模型检验其显著性。

第5章:成员参与角色与参与行为。从理论上阐述异质性的农民在加入农民专业合作社后,其在参与合作社事务中的角色和行为。并通过调研数据实证论证农民的这种角色与行为状态,然后通过 Tobit 模型与多变量 Probit 方程组分别检验这种参与角色和行为的影响因素。

第6章:成员参与行为与参与效果。从理论上阐述成员资本、业务和管理参与行为的不同属性,并且在说明参与效果所包含的成员收益和满意度的内涵基础上,借助路径分析模型检验成员参与行为对成员收益与满意度的影

---

① 与实证章节部分紧密相关文献将内化于相应章节内展开论述。

响,进而揭示成员参与行为对成员收益与满意度的作用机理。从而回答积极的成员参与是否会给成员带来更好的个人收益和更高的满意度,观察成员资本、业务与管理参与行为对成员收益与满意度的不同影响效果。

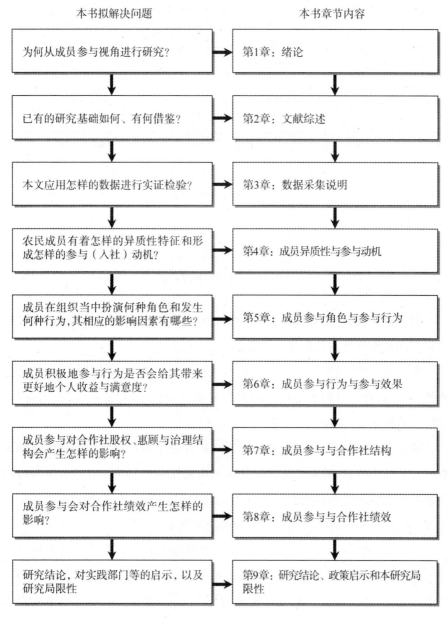

本书拟解决问题　　　　　　　　　本书章节内容

本书拟解决问题	本书章节内容
为何从成员参与视角进行研究?	第1章：绪论
已有的研究基础如何、有何借鉴?	第2章：文献综述
本文应用怎样的数据进行实证检验?	第3章：数据采集说明
农民成员有着怎样的异质性特征和形成怎样的参与（入社）动机?	第4章：成员异质性与参与动机
成员在组织当中扮演何种角色和发生何种行为,其相应的影响因素有哪些?	第5章：成员参与角色与参与行为
成员积极地参与行为是否会给其带来更好地个人收益与满意度?	第6章：成员参与行为与参与效果
成员参与对合作社股权、惠顾与治理结构会产生怎样的影响?	第7章：成员参与与合作社结构
成员参与会对合作社绩效产生怎样的影响?	第8章：成员参与与合作社绩效
研究结论,对实践部门等的启示,以及研究局限性	第9章：研究结论、政策启示和本研究局限性

图 1.2　本书内容与章节安排

第 7 章:成员参与与合作社结构。重点从理论上阐述成员参与对合作社惠顾结构、股权结构和治理结构等可能造成的影响,并借助实证数据检验此种影响。

第 8 章:成员参与与合作社绩效。从理论上阐述合作社绩效的内涵,并且引入新的合作社绩效评价方法,阐述成员参与、合作社结构和合作社绩效之间的理论关系,并运用多元回归分析检验成员参与下的合作社股权、惠顾和治理结构对合作社绩效的影响,进而尝试回答成员参与是否会带来好的合作社绩效。

第 9 章:研究结论、政策启示和本书局限。归纳全书的主要研究结论,得出相应的政策启示,讨论本书的研究局限性。

1.4　可能的创新之处

就研究视角而言,本书提出了成员参与的分析框架,并且创新性地将成员参与划分为了资本参与、业务参与和管理参与三个维度进行分析,进而阐明了成员参与的作用机理。因此能更好地从微观视角阐明当前的成员参与现状,回答怎样的成员参与行为能提升合作社的组织绩效和确保合作社的规范运行。

就研究理论而言,丰富和拓展了参与理论。本书将使政治学的民主参与理论和管理学的员工参与理论有机会拓展到合作社组织领域,相关研究成果可能将会为现有的参与理论提供在中国情境下的发展应用情况,更有机会丰富基于中国情境的合作社理论体系。

就研究方法而言,本书首次引入了管理学领域中研究中国企业绩效主题时常用的感知测量方法,拓展了合作社绩效评价思路,是一个不错的研究方法上的创新尝试;此外,在分析成员参与行为影响因素时,尝试运用多变量 Probit 估计方法对方程进行联合估计,体现了为消除内生性问题对方程影响所做的方法改进努力。

2　文献综述

由于合作社成员参与的研究视角涉及民主、参与和合作社组织等主题，因此政治学视角的民主参与理论、管理学视角的企业员工参与理论和经济学视角的合作社理论中都涉及了该研究主题。为了论证本研究开展的必要性与该切入视角的价值性，有必要首先对相关研究进行文献综述，把握该主题的研究现状，其中，经济学视角的合作社理论将是综述的重点。需要强调的是，与实证章节直接相关的文献将在每个章节中进行论述。

2.1　政治学视角：民主和参与理论

2.1.1　定义和类型

民主虽然是个很古老的话题，但对于什么是民主，理论界并没有统一的定义标准，不同的政治学者对此有着各自的阐述。有些学者给出了相对清晰的定义，比如赫尔德（2008）认为民主是指一种既区别于君主制、又区别于贵族制的政府形式，在这种政府形式中，人民实行统治。奈特和约翰逊（2004）认为，民主意味着人民的统治，他们将"民主"狭义定义为约束政治决策的制度安排，此种制度安排既包括正式或官方的决策论坛，也包括延伸的次级组织环境。此外，在萨托利（2009）看来，"民主"从字面上看，是指"人民的权力，权力属于人民"，而虽然自从"民主"一词形成到 19 世纪中后期的很长时间内，它一直是一个政治概念，也即民主就意味着政治民主，但在可以明辨的"另一些民主"的范围内,政治意义上的民主是大范围的宏观民主,以团体和工厂为中心的民主是小范围的微观民主。

关于民主类型的划分,以赫尔德(2008)的观点最为典型,其认为,民主可以分为两大类:一类是直接的或参与的民主(一种公民可以直接参与公共事务决策的制度),另一类是自由的或代议的民主(一种在法治的框架之下通过选任的官员来代表公民的利益和/或观点而实行统治的制度)。关于直接与代议的民主分类方法也得到了巴伯(2006)等西方政治学家的普遍认同。

2.1.2　参与民主理论

尽管民主是个非常复杂的概念,但很多学者相信民主意味着参与,这似乎是个不言自明的命题,参与与民主之间密不可分(胡伟,2007;董石桃,2010)。在 Pimbert 和 Wakeford(2001)看来,民主如果没有公民的审议和参与,其将在本质上成为一个空洞的和无意义的概念,参与被视为衡量民主的两个基本尺度之一(Vanhanen,2000)。而在民主实现的过程中,参与起着核心作用(蒋本国,2002)。可以说,在直接民主的相关理论中,参与式民主是最为主要的理论模式之一。

参与民主从 20 世纪 70 年代开始发展。卡尔罗·佩特曼是参与民主理论的代表性学者,他在《参与和民主理论》一书中指出,参与是指在决策过程中的平等参加,通常被视为在上级所负责的事务中下级有较高的影响力,参与是一个连续统一体,包括从少量参与到普遍参与;所有人最大限度地参与是民主的核心,而在当代民主理论中,少数精英的参与才被视为是关键的,缺乏政治效能感的、冷漠的、普通大众的不参与,却被看作是社会稳定的主要屏障,这显然是不合理的,很有可能将民主带入歧途;只有当个人在当前的社会中有直接参与决策过程和选择代表,他才有希望控制自己的生活前景以及周围环境的发展;佩特曼也指出了这个社会应该是一个参与性的社会,而一个民主政府的必要条件正是建立起这个参与型社会(佩特曼,2006)。另外,在该书中,佩特曼也对参与的概念与内涵作了较为详细的阐述,佩特曼还对与人们生活息息相关的工业领域进行了重点研究。

2.1.3 公民和政治参与

在过去的很长时间里，政治学界都尝试着基于具体的公民（政治）参与的视角进行民主问题分析，以图从微观的视角求解通过公民参与是否能够加深民主，决策制定过程中的公民参与是否值得去尝试（Goldfrank,2001；Irvin & Stansbury,2004）。就宽泛意义而言，公民参与既包括了如选举总统等狭义上的所谓政治参与概念，又包括了对学校等公共服务部门进行监督（Farrella,2000），还包括了参与志愿者社团等 NGO 组织（Bekkers，2005）和对都市更新计划提出自己的意见（Arnstein，1969）等社会公共事务的公民参与范畴。就狭义上的公民参与也即政治参与而言，亨廷顿和纳尔逊（1989）曾对政治参与有过明确的定义，其认为政治参与是"平民试图影响政府决策的活动"，指出"政治参与包括活动而不包括态度"；"政治参与是指充当平民角色的那些人的活动"；"政治参与只是指试图影响政府决策的活动，并不考虑这些活动是否合法"；"政治参与包括试图影响政府的所有活动，而不管这些活动是否产生实际效果"；此外，亨廷顿和纳尔逊所定义的政治参与，不仅包括自发参与，还包括动员参与。在亨廷顿和纳尔逊（1989）看来，政治参与的扩大是政治现代化的标志。

一些学者也尝试着从参与者的动机、态度、性格视角对政治参与进行微观分析。比如 Leighley（1995）讨论了政治参与中的态度、机会和动机主题，他发现非投票者更加关心的是个人经济需要问题而不是作为一个投票者的存在，并且在他看来，参与的概念化实际上不是参与与不参与的问题，而是在一系列潜在行动里面的一些特殊类型政治行动的选择问题。Vecchione 和 Caprara（2009）在对政治参与的个性决定因素的研究中发现了外向性的精神特征对于成人政治参与行为有着很好的预测作用。也有一些学者在研究中发现，政治参与和公民的态度之间实际上可能是一种对等关系（Gastil & Xenos，2010），参与对于个体层面应该有显著的影响，而以往的政治科学家实质上相对忽略了政治参与活动对于个体的影响。

总体而言，政治学视角的民主理论主要是从宏观上指出了参与理论的理论基点，并且由于政治学的学科特征，参与主题的分析视角更多基于宏观层面。

2.2　管理学视角：企业员工参与理论

在过去的几十年里，针对成员个体在组织中的微观参与行为研究的员工参与理论在管理学等领域中取得了较好的应用与发展。Cabrera、Ortega 和 Cabrera(2003)在回顾员工参与的相关理论时指出，早在 20 世纪二三十年代，作为商业战略的员工参与的重要性就已经得到强调，比如 Reyburn(1925)就讨论了所有权结构中的雇员参与问题。Coch 和 French(1948)更是在早期员工参与理论研究中扮演了重要角色。随后的几十年时间里，由于员工参与在理论上被认为能够给组织带来更高质量的生产与服务、更好的问题解决和组织决策等，也即能够给组织带来更好的绩效(Lawler,1989)，也由于左翼思潮的发展，所以员工参与实践兴起，以至于参与式管理被 Preston 和 Post(1974)认为是引发了"第三次管理革命"。

2.2.1　参与行为类型

理论界对员工参与的研究除了界定员工参与概念，也尝试去厘清员工参与的行为类型，比如按照 Hirschman(1970)的观点，员工的参与行为包含了"退出－表达－忠诚"三类主要行为模式(转引自 Dandi,2002)；按照 Strauss(1982)的观点，员工参与是指员工参与到企业事务中的程度和他们的独立水平，其参与行为具体包含了信息交流和分享，决策权，调整和分配任务权(转引自 Lin,2010)；并且 Jones 和 Pliskin(1988)还观察到员工的多种参与形式在共同作用(同时推行员工决策参与和员工所有权计划)下会对组织绩效产生积极影响。

2.2.2　对组织绩效的影响

对于员工参与的研究，理论界最关心其对组织绩效的影响情况。一些实证研究的结论虽然都有所肯定员工参与的价值，但研究结论却有所差别(Tesluck、Vance & Mathieu, 1999; Freeman & Kleiner, 2000; Pun、Chin & Gill, 2001)。为了确认员工参与对组织绩效的影响，理论界还尝试引入了元分析(meta-analysis)方法，但是相关研究结论仍然不尽相同。比如 Spector

(1986)和 Doucouliagos(1995)的元分析研究认为员工参与对于员工工作满意度和组织生产率等有正面效果;Miller(1986)的元分析结论却认为参与影响满意度而不是生产效率;而 Ledford 和 Lawler(1994)倾向于认为参与对绩效和满意度的影响有限,或者说他认为有限的参与必然只能产生有限的影响,他还提出对参与的有限定义可以增加研究结果的可解释性。此外,关于参与对满意度和绩效的影响效果是否会因形式不同而发生改变,Cotton et al.(1988)、Wagner(1994)和 Cotton(1995)还进行了针锋相对的讨论,双方各自持有不同的观点。此外,近几年来研究者开始改变原来只关注员工参与与组织绩效之间主效应情况的研究范式,也即在考察关于组织绩效(效率)的影响模型时,员工参与和其他某些变量之间的交互作用情况越来越受到研究者的关注(Pérotin & Robinson,2000;Jones、Kalmi & Kauhanen,2010)。

实际上,总结目前国外已有的员工参与研究现状,可以认为,虽然可能如 Beirne(2008)看来,员工参与的研究带有理想主义的色彩。并且由于存在以下问题:(1)参与的不同形式;(2)参与管理的目标所代表的多样化潜在价值观和社会哲学;(3)来自于不同学科,使用不同研究范式造成对于研究者而言拥有不同的"参与"含义;(4)参与和效果量之间的因果关系不确定等,使得参与的功效问题很难轻易解决(Shetzer,1993)。但是应该认识和尊重雇员在公司决策和行动中的参与权(Brenkert,1992),重视员工参与权和财产权同等价值(Brenkert,1992)。

总体而言,管理学视角的企业员工理论主要是从微观视角研究员工参与对于企业组织的影响,其取得了相当的研究进展。

2.3　经济学视角:农业合作社和成员参与理论

2.3.1　农业合作社理论

(1)国外研究情况

对于农业合作社的理论研究有着悠久的历史,从 20 世纪 40 年代经济学家开始用一般经济理论去分析合作社行为的形式模型开始,其后的几十年时间里经济学研究者发表了大量的研究文献。对于这些合作社理论研究,

Staatz(1989)基于"垂直一体化的形式"、"企业"和"联盟"的三个维度,进行了系统综述。随后,Cook、Iliopoulos 和 Chaddad(2004)进一步沿着 Staatz 的分析思路,分别基于"企业观点延伸"、"联盟观点延伸"和"契约集观点延伸"的思路,重点对 20 世纪 90 年代以后到 21 世纪初的农业合作社文献进行了新的综述,很好地梳理了 20 世纪后半叶关于农业合作社的经济学文献,并总结认为研究合作社的理论方法已经从更为形式化的新古典主义模型转变为更为行为学假设的契约和联盟思想。而虽然当前欧美国家的农业合作社发展已经放缓了脚步,开始面对深刻转型。但是在最近的几年时间里,国际上关于农业合作社的理论研究并没有停滞。

就研究的理论视角而言,首先,有不少学者沿着"一体化"、"企业"、"联盟"或者"契约集"的观点研究合作社。比如 Gall 和 Schroder(2006)把合作社分为传统、新一代和学习网络三种类型,聚焦于把合作社视为成员间联盟的研究,同时讨论了合作社间的联盟问题。Terreros 和 Gorriz(2011)关心垂直一体化对效率的影响,尝试在合作社和投资者所有企业之间进行比较。Salazar 和 Gorriz(2011)关心下游纵向一体化差异的决定因素,研究发现更有效率的合作社是那些下游垂直一体化水平更高的类型。Fousekis(2011)把合作社视为一家企业,然后研究合作社间的空间价格竞争问题。Hendrikse(2005)则仍然将合作社视为一个契约集,并且进一步将 Hendrikse 和 Veerman (2001)中的讨论进行深化,在该篇文章中不完全契约被视为一个简单的长期合约,也就是并不允许在或有的环境条件下进行权威分配,或有的长期合约在 Hendrikse(2005)的文章中进行了考虑,这使得陈述关于农业合作社的内部重建问题变得可能。

其次,仍有大量研究者(Gadzikwa、Lyne & Hendrikse, 2007;Holloway、Ehui & Teklu, 2008;Minguez-Vera、Martin-Ugedo & Arcas-Lario, 2010)在基于合作社领域最常用的新制度经济学范畴的产权、代理和交易费用理论等展开理论分析,并且仍然关心经典的成员搭便车问题。不过,也有越来越多的研究者在尝试将其他学科范畴诸如成员承诺与忠诚(Zeuli & Betancor, 2005;Westgren、Foreman & Whetten, 2009)以及社会资本(Barham & Chitemi,2009;Torfi、Kalantari & Mohammadi,2011)等概念引入对合作社问题的研究当中,进一步拓展了合作社的研究思路。

就研究主题而言，首先，影响合作社成功的因素仍然被诸如 Theuvsen 和 Franz(2007)、Azadi et al. (2010)等研究者所关心；其次，合作社的效率与绩效依然是学者们关注的焦点领域之一(Galdeano-Gómez、Céspedes-Lorente & Rodríguez-Rodríguez，2006；Liebrand，2007；Chibanda、Ortmann & Lyne，2009；Arcas、García, & Isidoro，2011)；再次，仍然有 Soboh、Lansink 和 Dijk (2012)等研究者在比较合作社和投资者所有企业之间的效率。只是亦如 Soboh et al. (2009)所言，农业合作社的绩效依赖于它们的商业目标，并被定义成了不同方式，关于合作社财务绩效的实证研究被分成两种类型：基于企业经济理论的研究和强调会计技术的研究；以往的关于合作社绩效的实证研究文献并没能完成对合作社目标的陈述，合作社的绩效测量仍然在理论和实践之间存在差距。并且，在新的社会经济条件下，学者们既关注到了合作社组织在全球化市场条件下，在供应链整合加剧情况下面临的新挑战，合作社需要调整内部组织治理结构以符合下游机构的交货条件等(Cross & Buccola，2004；Ruben，2007)；又关注到了成员异质性所带来的合作社发展挑战(Bogetoft& Olesen，2003；Hendrikse，2006)。比如像 Kalogeras et al. (2009)就关注了成员的异质性偏好问题，发现成员的偏好结构受到企业规模和风险态度的影响。

就研究视域而言，在最近的几十年时间里，合作社组织在发展中国家取得了较大的发展，也带动了学者们去关注发展中国家的合作社发展情况。如 Calkins 和 Ngo(2010)的基于加纳的实证研究发现合作社组织的存在确实对于收益、健康和生产者福利有积极影响，并且这些收益在向周围的社区传播。Hellin、Lundy 和 Meijer(2009) 的研究也发现包括农业合作社在内的农民组织在为当地穷人创造市场工作机会上起着关键性的因素。当然并不是所有的研究都支持农业合作社对于发展中国家农业发展带来的显著变化，比如 Bernard、Taffesse 和 Gabre-Madhin(2008)对埃塞俄比亚的研究发现，通过成为合作社成员的方式并没有给农民谷物销售的总体商品化比率带来显著提升，不过，这个平均结果隐藏了家庭之间相当程度的异质性。而对于近年来较受关注的全球公平贸易问题，Valkila 和 Nygren(2010)以尼加拉瓜的咖啡农民为例，研究了公平贸易认证对当地农民、合作社和劳动者的影响。

近年来，随着中国农民专业合作社的发展，关于中国合作社的理论研究也越来越多地出现于国际主流学术刊物上(Clegg,2006;Denget al.,2010)。并且 Garnevska、Liu 和 Shadbolt(2011)以及 Zheng、Wang 和 Song(2011)分别关注了农民专业合作社发展的成功因素和组织绩效等合作经济领域的核心主题。Jia 和 Huang(2011)关注到了中国农民专业合作社成员异质性的存在,及其对于合作社决策的影响。还有针对中国最近几年频发的由于农药残留超标等原因导致的食品安全问题,Jin 和 Zhou(2011)也讨论了通过农民专业合作社采取食品安排和质量标准的可行性。

(2)国内研究成果

自 21 世纪初以来,国内对于农民专业合作社的研究呈现出不断增长的态势,尤其是 2007 年《农民专业合作社法》正式实施之后,合作社的研究论文更是持续激增,也有越来越多的学生以合作社为题展开硕士、博士毕业论文的研究设计。实际上,关于 2007 年以前的国内农民专业合作社的研究情况,已经相继有徐旭初(2005)、马彦丽(2007)和黄胜忠(2008a)等在他们的合作社专著中作了系统论述。因此,本书的国内合作社研究综述主要聚焦于 2007 年及以后所发表的相关论文,以试图系统总结近几年的合作社研究情况,也进一步补充郭红东和钱崔红(2005)、熊万胜(2008)、刘勇(2009)、王军(2010a)以及梁巧和黄祖辉(2011)基于各自视角的研究综述。

一是仍然有学者在持续关注国外农业合作社发展情况和合作社制度环境作用。就国外农业合作社研究而言,所谓"他山之石,可以攻玉",因此最近几年国内学者仍然在关注诸如美国、丹麦和日本等国的合作社发展情况(赵玻和陈阿兴,2007;藤荣刚等,2009;常青和张建华,2011),其中,这些国家的合作社与政府关系以及合作社的公司化等组织制度演变是国内学者比较关心的主题(郭富青,2007;苑鹏,2009a;张学军,2011)。对于合作社发展过程中的外部制度环境尤其是政府角色问题研究方面,孔祥智和陈丹梅(2007)详细阐述了政府为何以及如何扶持农民专业合作社的发展;侯保疆(2007)特别分析了地方政府层面在合作社发展中的职能。此外,门炜和任大鹏(2011)在文章中特别指出了外部资源对处于发展初期的合作社的重要性。而刘婷(2011)则基于 ANT 视角指出了不同区域环境会造就不同行动者,使合作社具有差异化形成路径。

二是基于成员层面的研究在不断深入。研究者的最初关注点主要是农民对于合作社的需求及其影响因素分析(张广胜、周娟和周密,2007;朱红根等,2008;赵佳荣,2008),其中何安华和孔祥智(2011)的研究发现合作社与成员间的供需对接存在结构性失衡问题,刘滨、池泽新和李道和(2009)以及张晓雯(2011)则关注成员对合作社的依存度问题和合作社成员资格开放度问题。随后,根据中国合作社所特有的核心与普通成员间的差异化特征,郭红东、杨海舟和张若健(2008)实证分析了影响成员对社长信任的因素;崔宝玉、张忠根和李晓明(2008)讨论了核心农户与一般农户在合作演进中的博弈及其均衡,同时说明了"退出权"对于一般农户的保护价值;王军(2011)则讨论了成员机会主义行为的约束机制问题,特别指出了该约束机制对于防范合作社经营者侵害普通成员利益等方面的作用;而林坚和黄胜忠(2007)以及黄胜忠和徐旭初(2008)更为明确地指出了中国农民专业合作社鲜明的成员异质性特征及其对组织结构的影响,黄珺和朱国玮(2008)从理论上分析了异质性成员关系下的合作均衡问题。紧接着,学者们开始基于农户视角关心农民参加合作社给其自身收益所带来的影响问题,虽然伊藤顺一、包宗顺和苏群(2011)的研究发现合作社对小规模农户经济效果明显,但对大规模农户效果不显著,不过更多的研究者(比如孙艳华、周力和应瑞瑶,2007;蔡荣,2011)发现合作社能够使农民增加收入。

三是基于实践驱动的合作社层面研究不断获得拓展。由于农民专业合作社的实践发展非常迅速,因此促使研究者不断从实践中发现和拓展研究主题。黄季焜、邓衡山和徐志刚(2010)关注合作社的功能及其影响因素,崔宝玉和陈强(2011)关心合作社所面临的资本控制是否会导致功能弱化,孔祥智和史冰清(2009a)以及孙亚范和王凯(2010)关心合作社的运行机制情况。而对于在中国非常鲜明的公司领办型合作社组织以及公司主导、合作社参与的农业产业化模式,研究者也给予了较多的关注(郭红东和蒋文华,2007;苑鹏,2008b),并且以郭晓鸣、廖祖君和付娆(2007)为典型,学者们较为认同未来的农业产业化模式中合作社的地位将进一步提高,合作社一体化将会更加明显。

张开华和张清林(2007)、黄胜忠(2008b)、郭红东、袁路明和林迪(2009)以及王勇(2010)则关心合作社的成长,具体分析了影响合作社成长的因素及其成长机制。而随着合作社的发展,不少地区的合作社出现了进一步联合的情况,这自然也引来了研究者的关注(苑鹏,2008c;杨尚威和杨丹,2011)。对于合作社发展极为重要的信贷问题以及实践中出现的融资难情况,郭红东、陈敏和韩树春(2011)以及马丁丑等(2011)也在基于各自的视角展开分析研究;对于合作社为解决资金不足问题而进行的资金互助探索,学者们也在观察(夏英、宋彦峰和濮梦琪,2010;戎承法和楼栋,2011)。

此外,针对农业部门为解决买菜难等问题而推出的"农超对接"计划,胡定寰、杨伟民和张瑜(2009)以及李莹等(2011)也进行了相应的分析,并认为"农超对接"能够实现多方利益共赢,但合作社参与对接受到多种因素制约。对于更为根本的农业产业链整合加剧现实,王金凯、贾大猛和王凡(2009)以及洪银兴与郑江淮(2009)认同应增强农民专业合作社在产业链上的角色,同时也意识到合作社需要进行制度变革以适应产业链革新(徐旭初,2007)。对于合作社的利润(盈余)归属与分配问题,夏冬泓和杨杰(2010)以及郑丹(2010)都认同该问题的重要性,同时也认识到目前合作社的盈余分配情况不甚理想,需要改进。

四是合作社层面的理论研究与应用在不断深化。一方面,国外合作社研究运用较多的新制度经济学理论等也被国内学者大量应用到了对农民专业合作社的研究中。比如马彦丽和孟彩英(2008)、崔宝玉(2011)以及谭智心和孔祥智(2011)基于委托代理理论进行合作社的经营者激励等主题研究,张雪莲和冯开文(2008)通过博弈理论分析合作社的决策权分割。另一方面,像管理学、社会学等其他学科领域的传统研究主题和范式也被引入对农民专业合作社的研究中,比如董晓波(2010)运用因子分析和路径分析方法研究合作社的高管团队问题,樊红敏(2011)研究了合作社的组织内卷化问题,由卫红、邓小丽与傅新红(2011)则运用了社会网络分析方法的思路。此外,关于合作社治理结构(崔宝玉,2010;桂玉和徐顽强,2010)以及合作社的效率(黄祖辉、扶玉枝和徐旭初,2011)与绩效(廖媛红,2011)的研究这些年也不断增加。

总体而言,国内外的农业合作社理论研究仍然在不断拓展,中国的农民专业合作社研究更是发展迅速,值得持续关注。

2.3.2　合作社成员参与理论

(1)国外研究情况

国外关于合作社成员参与主题的研究文献,实际上不局限于农业合作社,比如有一些研究者关注工人合作社中的成员参与问题(Craig et al.,1995),并且一些研究结果倾向于认为工人参与对组织绩效有积极影响(比如Estrin,Jones & Svejnar,1987)。不过在 Jones 和 Svejnar(1985)看来,如果要以更高的生产率为目标,合作社给工人提供的参与需要涉及利润、决策和股权等多个维度。当然,一些研究者(比如 Ng & Ng,2009)也并不否认民主和效率之间可能存在的兼顾矛盾。对于本书重点关心的农业合作社,成员参与更是研究者关注的重要议题。

首先,有一些研究者关心关于农业合作社成员参与影响因素等相关主题的讨论。比如 Gray et al. (1990)的研究发现,成员的参与行为受到成员农场规模的影响。在该主题的后续研究中,Gray 和 Kraenzle(1998)进一步深化了此前的观点,他除了更为全面地观察和分析成员参与行为的影响因素之外,也特别指出了那些大规模农场主成员,往往都雇佣了大量的工人,他们更有机会从日常的农事安排中脱离出来参与合作社事务。Laursen et al. (2008)的研究则发现,民主结构和合作社的多样化活动最能对成员参与产生积极影响,他建议合作社领导人应该有让成员参与决策的意识。Hudson 和 Herndon(2002)的研究则进一步细化了参与的范畴,将之分为参与可能性和参与频率进行相关影响因素的实证研究。

其次,有不少研究者关心成员参与与成员信任、承诺与忠诚的相关主题研究。比如,Bijman 和 Verhees(2011)的研究发现成员对合作社的承诺特别受到他们参与合作社治理等因素的影响。Österberg 和 Nilsson(2009)发现,成员较高的参与度会产生对合作社的更高的忠诚度。Barraud-Didier、Henninger 和 Akremi(2012)的研究基于法国的实证数据发现承诺在农民对于合作社信任和他的治理参与行为之间起着中介效应。Golovina 和 Nilsson(2009)的研究则发现俄罗斯的成员对于合作社的态度在变差、信任在降低,而这进一步负面影响了他们对于合作社的各种参与,也即 Bhuyan(2007)所说的成员的态度和认知在他们对组织的参与行为等方面扮演了重要角色。

再次,与合作社研究整体趋势相类似的是,针对发展中国家合作社的成员参与行为研究也在不断增多。学者们的研究主要是关心这些发展中国家的成员参与的现状与作用。这其中,Burke(2010)通过巴西案例说明,如果想促进全球公平或者社会转型,合作社必须深植于参与、民主成员控制和自治。但伊朗的实证研究(Allahdadi,2011)发现,合作社成员的参与水平很低,普通成员对于合作社的发展贡献很小。对埃塞俄比亚的研究(Bernard & Spielman,2009)也表明,更穷的农民并不愿意参与到合作社组织中,尽管他们可能通过这些组织获得间接收益,并且即使他们进行了参与,也经常会被排除出合作社的决策过程。此外 Deere(1983)的尼加拉瓜案例表明,女性的合作社参与不如男性,这里既包括了能力因素,也包括了意识形态因素。

最后,学者对于成员参与的研究还关注参与行为对于农业产业、农民收益和合作社绩效等的影响。比如 Erdogan et al.(2009)的研究说明,成员参与有助于推动合作社参与土耳其森林产业发展。Blandon、Henson 和 Cranfield(2009)的研究表明农民参与组织的集体行动会推动农民参与农业供应链。而农民参与合作社对农民收益所带来的影响,现有的研究倾向于认同其正面价值。比如 Bhuyan(2009)认为理论上而言,农民参与对于合作社的成长是必要的。Wollni 和 Zeller(2007)的哥斯达黎加案例表明,在合作社中的参与有助于农民的咖啡收益改进。Mishra、Tegegne 和 Sandretto(2004)的研究也表明成员参与有助于成员的小农场效益改进。不过值得注意的是,以往的研究中,已经有不少关于成员参与对于非农合作社绩效影响的文献(Defourney、Estrin& Jones,1985;Jones,1987;Craig,1995;Bayo-Moriones et al.,2003),但是关于农业合作社成员参与对于合作社绩效的影响还很缺乏,仍需要理论界进行开拓研究。

(2)国内研究成果

目前国内对于合作社成员参与的主题研究并不多,很多时候只是在分析其他问题时有所涉及。比如崔宝玉(2009)在分析合作社的规范化问题时提到了要使合作社运行规范化,必须强化成员的民主管理和参与的意识;谭小芳和李焱(2011)在讨论合作社财务风险分析及防范机制时认为成员参与是构建合作社有效财务风险防范机制的重要组成;郭红东和田李静(2010)在研究大户领办型农民专业合作社时,认为使成员受益是农民专业合作社吸引农户参与的根本手段。

对成员参与的直接研究数量很少。这其中,多数学者对于参与概念的界定主要是"参与"或"未参与"合作社的二分法分析状态,多数借助二元

Logistic 模型进行影响因素的分析(如郭红东和陈敏,2010;黄文义等,2011);而且,有些研究中的参与概念还停留在"愿意"或"不愿意"的意愿状态(如席爱华和陈宝峰,2007;王克亚、刘婷和邹宇,2009),其并不代表实际上的成员参与行为。当然,有学者(刘宇翔和王征兵,2009;刘宇翔,2011)开始进一步关注成员的管理参与行为,运用 Logistic 模型对管理参与行为的影响因素等进行了计量分析。也有学者(董进才,2009)关注农民成员的政治参与问题。还有学者(张会萍、倪全学和杨国涛,2011)开始关心成员参与对于成员家庭收入的影响,实证结果证实了参与合作社对于家庭收入的正面效应。不过需要看到,现有成员参与问题研究还不够深入系统。

总体而言,基于经济学视角的合作社理论研究和成员参与理论有待进一步拓展。

2.4 总结性评论

综合以上关于民主和参与理论、企业员工参与理论以及合作社和成员参与理论的研究,可以发现:

第一,政治学视角的民主和参与理论相对发展比较成熟,并且侧重于从宏观层面对参与问题进行分析。

第二,管理学视角的企业员工参与理论在国外的管理学领域内取得了较好的发展,微观实证研究方法较为深入。

第三,以经济学为主要视角的合作社和成员参与理论在国外的发展整体上趋于成熟,而国内农民专业合作社的飞速发展,极大地推动了国内关于合作社的理论研究,但是其仍处于理论构建和发展的初级阶段,基于中国情境的合作社理论和成员参与理论更是有待形成与完善。

因此,本书更加确信可以大胆借鉴民主参与理论,积极吸收管理学领域的员工参与实证分析方法,根据国外合作社成员参与研究的已有经验,基于中国情境,从成员参与的分析视角,研究中国农民专业合作社成员的参与机理及其对合作社组织的影响,使民主参与的政治理论和员工参与的管理学实证研究思路能够在合作社领域得到开拓性发展,同时也帮助实务界解答目前国内合作社的成员参与现状,以及下一步该如何推进成员参与以促进合作社规范发展。

3 数据采集说明

本研究后续各章实证分析所使用的成员层面数据和一部分合作社层面的数据来自笔者所参与的中德科研机构间的合作研究项目课题组(以下简称课题组)于 2009 年 7 月至 2009 年 9 月在浙江省和四川省所作的农民专业合作社及其成员等的调查,其中 7—8 月是主要调研阶段,9 月是小规模的补充调研阶段。另一部分合作社层面的数据信息来自于国家自然科学基金项目于 2011 年 7 月至 2011 年 8 月在浙江省和四川省所作的农民专业合作社调查。由于本书只是在第 7—8 章用到了一部分 2011 年度的样本合作社数据信息,并且 2011 年度的调研设计思路详细参考了 2009 年的调研原则和调研内容等,因此本部分主要介绍 2009 年的调研设计思路,不过在本章的末尾会简要介绍 2011 年调研所得样本合作社基本情况,并且还会在第 7—8 章中介绍所使用的 74 个 2011 年抽样所得的样本合作社情况。

由于目前公开途径可查的农民专业合作社数据很少,单个合作社及其成员的微观数据信息更是缺乏,难以满足特定研究的需要,因此,本书试图依托课题组调研所获取的信息展开特定主题的实证研究,在此,有必要详细介绍该调研的具体情况。

为了保证调研数据的质量,调研采用了面对面的访谈方式;调研员全部是由农业经济管理专业的博士生和硕士生构成[1],并且这些学生都有一定程度地到农村进行农户问卷访谈的经历。在开始调研前,课题组对全体调

---

[1] 笔者是两名带队者之一。

研员进行了事先的调研培训，具体讲解了调研的目的、调研对象、问卷内容、访谈技巧、问卷记录方式等内容，课题组还与调研员就相关问题进行了详细的互动交流，以确保调研员能基本领会课题组的调研目的和要求。在台州进行初始调研的过程中，课题组向调研员进行了调研示范，并对问卷内容进行了适当的修正与完善。在整个调研过程中，为了提升调研效果，课题组成员每晚会就当天调研过程中的所见、所感等事项进行讨论交流。

3.1　调研区域

2009 年调研的地区包括浙江、四川两省 5 个地级市的 12 个县（市、区）。浙江地处中国东部沿海发达地区，是新一轮农民专业合作组织发展的起源地之一。新中国成立后浙江最早颁布农民专业合作社地方条例，是当前中国农民专业合作社发展处于领先地位的地区之一，到 2008 年年底，浙江省共有农民专业合作社 9254 家，成员 47.6 万个（浙江省发展和改革委员会及浙江省经济体制改革工作领导小组办公室，2009），非常具有观察价值。进一步而言，样本点所在的浙江台州、衢州与嘉兴三市各有特色，台州属于沿海地区，兼得山海之利，是中国股份制经济的发源地，更是浙江省农民专业合作社发展起步最早也是发展最好的地区之一；衢州地处浙江西南，属于内陆山地、丘陵地区，农业生产条件较为优越，是区域性的农产品贸易集散地；嘉兴则地处杭嘉湖平原，素有"鱼米之乡"美誉，历来是浙江粮、油、畜、茧、渔等的重要产区。总体而言，这三个地市的农民专业合作社发展各有特点，代表了浙江省的农民专业合作社发展现状。

四川省地处中国西部地区，素有"天府之国"美誉。四川农业发达，有精耕细作传统，是国家粮、油、生猪等重要产地。四川省也是中国新型农民专业合作组织发展最早的省份之一，其早在 1980 年就在郫县出现了养蜂协会（操秀英和陈瑜，2009）。到 2008 年年底，四川省各类农民专业合作经济组织达

18678 家[①]。样本点所在的成都市,地处肥沃的成都平原,自古就是物产富饶之地;资阳市则是川中丘陵特色农产品资源大市,是四川粮食主产区和经济作物重点产区。这两个市的农民专业合作社发展也相当不错,成都市在 2008 年 10 月底就已有农民专业合作组织 2062 家[②],而截至 2008 年 10 月底,资阳市的农民专业合作社已发展到 1219 家[③],因此这两个地区的样本也很具有观察价值。

3.2　调研对象

2009 年调研的对象是农民专业合作社及其成员,因此采集得到的数据样本包括了合作社组织层面的数据信息和合作社农民成员的数据信息两大部分,其中以农民成员的信息为主。同时,为了更全面了解该农民专业合作社的发展情况,课题组还访谈了样本合作社所处村的村干部,以及样本合作社所在村的非成员农民。

3.3　抽样设计

理论上而言,简单随机抽样是个很不错的办法,操作起来也并不难,但是由于本书需要研究成员参与问题,这就意味着样本对象必须要有实质性的参与行为发生,而目前中国的农民专业合作社中有部分处于名存实亡的状态,并不真正运行;有部分合作社是属于"挂羊头卖狗肉"的名义合作社;还有一部分合作社刚成立不久,还没有完成一个完整的生产年份,难以获得完整的生产成本数据信息等。因此如果采取简单随机抽样方法,必然会使很多抽到的农民专业合作社不符合研究主题的要求。同时,鉴于本研究是采取面对面

---

① 刘侠:《辉煌六十年四川农业农村发展成绩斐然》,四川新闻网,http://scnews.newssc.org/system/2009/09/21/012337259.shtml.

② 市农委专合组织课题调研组:《成都市农民专业合作组织发展状况的调查与分析》,《农村工作研究》2008 年第 36 期,http://www.cdagri.gov.cn/news.aspx? id=47822010 - 1 - 28/2010 - 10 - 28.

③ 任柏如:《聚拢"散沙"做"加法"——资阳市农民专业合作社发展综述》,《资阳日报》2008 年 11 月 21 日.

的调研方式，而各样本合作社之间空间距离分布并不近，因此，如果抽样对象中出现大量的不符合要求的农民专业合作社，必然导致调研既费时又费钱，使得调研无法有效完成。

因此，本书在选择调研样本的时候采取了一种立意抽样（判断抽样）的方法，即不按照等概率原则而是从特定的农民专业合作社中选定调研对象。具体而言，本研究所选择的样本对象都是当时已经获评的省级示范合作社或所在地市的市级示范合作社，最差的也是正在申请省市示范社的合作社，即通过选择此类合作社从最大程度上确保样本合作社在正常运营，虽然可能因此牺牲了样本在总体中的一般性，但是却能保证主要研究目的的实现。而且，这些示范性合作社往往是所在地区的发展典范，通过对于它们的研究，可以推算出该地区合作社的整体发展现状，也可以研判和把握该地区合作社的未来发展特征。因此，进行此种立意抽样，仍然具有科学研究的价值。

不过，由于不同产业类型中，合作社的组织结构与行为等差异较大，为了排除产业类型差异过大后对研究主题的不必要干扰，课题组虽然也调研了花卉苗木类合作社，但是本研究所选择的样本合作社产业类型限定在了种养殖业上，包括养殖、水果、蔬菜三类。

合作社的样本成员基本采取了通过简单随机抽样模式获得，但是实际上由于调研当天有些被调查的合作社成员并不一定在家或者不一定有空接受调研，也有一些成员可能距离合作社办公室所在地过远，调研起来很不方便，在这种情况下，课题组也会重新随机抽取新的成员样本，或者采取方便抽样的方式进行适当弥补，以确保课题组在时间有限的情况下能够找到足够的样本成员。

3.4　问卷设计

本研究采用了结构化的问卷，包括成员层面问卷和合作社组织层面问卷两部分。其中合作社组织层面问卷包括了被调查人信息，合作社成员数等基本信息，包括了合作社生产经营概况，合作社的产品销售情况，合作社的治理行为，合作社的绩效等几大部分内容。成员层面问卷包括了被调查人信息，家庭概况，农地、农业设施设备与牲畜情况，从农经验，为什么要加入合作社，加入合作社后的行为表现,对合作社的评价等信息。农户和合作社问卷上的生产经营情况信息主要采用的是 2008 年度的情况。

3.5 数据情况

课题组调研的水果、蔬菜和养殖三种产业类型的合作社共 43 家,总共获得 39 份合作社层面问卷数据和 357 份成员问卷数据。这些样本来自浙、川两省 5 个地市 12 个县(市、区)。课题组另外调研的花卉苗木类合作社与成员问卷信息,以及非成员农民问卷和村干部问卷由于本研究并不需要,因此这里不再详细交代。

在 39 份合作社问卷和 357 份成员问卷数据基础上,为了后续研究的完整有效,本研究首先剔除了合作社层面数据缺失的 3 家合作社成员样本,随后又剔除了关键数据信息存在明显不真实或者数据不完整的样本,同时也排除了课题组调研的第一家农民专业合作社及成员样本问卷①。因此,本书最终所使用的样本数据信息来自于 12 个蔬菜类样本合作社,13 个水果类样本合作社和 13 个养殖类样本合作社,总计共有 38 份合作社层面数据信息和 309 份成员层面数据信息。这些样本成员包括了 235 位普通成员,也包括了 74 位在合作社当中担任监事、理事等职务的成员,但是 309 位成员样本中不包含理事长样本。

本研究所用的 2009 年的样本地区分布和样本数情况如表 3.1 所示。

进一步而言,这 38 家样本合作社的平均拥有成员人数为 393.3 人,成员出资总额为 84.5 万,拥有固定资产 111.9 万,2008 年的平均经营总收入为 1217.3 万。

而 309 个被调查成员的平均值情况如下:被调查者的年龄为 48.8 岁,受教育年数为 7.1 年,家庭成员总人数为 3.5 人,加入合作社的年限为 2.7 年,成员 2008 年的家庭纯收入为 2.98 万。

需要特别补充的是,来自于 2011 年调研所得的 74 个用于本书后续章节

---

① 第一家合作社样本调研具有预调研性质,问卷内容、结构和调研质量等都相较后面一些合作社样本有一定差异,因此该合作社和成员的问卷样本并没有包含在本书后续分析当中。

实证分析的样本合作社基本信息情况如下:拥有成员人数为266.7人,成员出资总额为171.5万,拥有固定资产309.2万,2011年的平均经营总收入为1725.7万。这部分合作社分布于浙、川两省的16个地市,其更为详细的情况将在第7章中作出具体描述。

表 3.1 被调研对象的地区分布和样本数

样本省	样本地市(县、市、区)	样本合作社数	样本成员数
浙江	台州(仙居县和临海市)	3	20
	衢州(柯城区和开化县)	6	43
	嘉兴(平湖市和海盐县)	8	62
四川	成都(龙泉驿区、双流县、温江区和新都区)	14	126
	资阳(雁江区和安岳县)	7	58
合计		38	309

4 成员异质性与参与动机

4.1 问题的提出

过去的百余年时间里,欧美发达国家的农业现代化进程中普遍经历了农民数量不断减少,农业生产专业化、规模化经营特征加剧等转变(益智,2004;蔡方柏,2010);同时,农业合作社在其中扮演了非常重要的角色,发挥了重要作用(徐旭初、贾广东和刘继红,2008)。不过在这些国家农业合作社发展的初始阶段,加入合作社的成员总体上生产规模不大,所拥有的农业生产设施设备不多,个体特征比较同质。对于中国而言,随着改革开放的推进和农村社会经济的发展,农民群体分化速度很快,这就致使我们国家在农民专业合作社发展的初始阶段,谋求加入合作社的农民具有鲜明的特征异质性。

本章所要实证研究的是异质性的农民在加入合作社时的参与(入社)动机及其影响因素。相较以往国内更加侧重于研究哪些因素显著影响农民是否加入合作社的文献,本章实际上是对该类研究主题的深入。通过分析那些已经加入合作社农民成员的入社动机及其影响因素情况,能够更加看清这些成员为什么要加入合作社,以及他们对于合作社的功能期望情况。

此外,西方经典的合作社视野问题(horizon problem)研究主要围绕着合作社的产权、剩余索取权、投资收益等展开,讨论成员的投资眼光问题(注重长期收益还是短期利益)(Porter & Scully,1987;Sykuta & Cook,2001;Olesen,2007)。但实际上在中国情境下其内涵可以进一步扩充,即可以视为成员的视野问题不但会影响成员对合作社的投资，影响成员对合作社的产品交易，还会影响到成员对合作社的管理参与等问题。并且成员的视野问题能集中在其入社动机上反映出来。对成员的参与（入社）动机研究在相当程度上正是对成员参与视野的考察。这也是考察异质性农民成员参与（入社）动机的另一层价值。

本章结构安排如下：4.1 节进行问题提出，4.2 节阐述农民的异质性特征概念，4.3 节提出成员的参与（入社）动机假设，4.4 节交代实证分析的数据来源、模型选定和变量说明，并对计量结果进行分析讨论，4.5 节为本章小结。

4.2　农民的分化与异质性特征

1978 年安徽凤阳县小岗村 18 户农民的包产到户，拉开了中国农村改革的序幕。随后家庭联产承包责任制在全国范围的推行，以及农产品流通体制的改革，使农民确立了相对稳定的独立市场主体地位（龚建文，2008；马晓河、黄汉权和蓝海涛，2008）。因而农民可以自由地决定自己职业生活，这为农民群体后来的整体转型奠定了扎实基础。

同时，国家对农村非农产业发展、农村劳动力向城镇流转的认可与鼓励等系列政策的制定和实施，推动了农村的发展与农民收入的增长，也加速了农民群体的分化和转移（万能和原新，2009）。农民群体在 1990 年左右就已经出现了农业劳动者阶层、农民工阶层、雇工阶层、农村知识分子阶层、个体劳动者和个体工商户阶层、私营企业主阶层、乡镇企业管理者阶层和农村管理者阶层的分化（陆学艺，1989；陆学艺和张厚义，1990）。在进入 20 世纪 90 年代以后，随着社会主义市场经济地位的确立，社会经济整体环境的继续转型以及民营经济的全面崛起与发展，农民群体不但继续在职业上出现分化转型，其居住地域也从原来的以农村为主开始向城镇扩散，很多农民开始在城镇拥有固定住所并定居下来，整个生活方式等也开始向市民转型（孔繁金，2009；田珍，2009）。在过去的三十年里，中国农村原本同质性的农民群体已然出现了职业、收入和消费结构等多方面的鲜明分化（陆学艺，2006；万能和原新，2009）。因此，即使从分化的农民群体中剥离那些已经实质上不再从事农业生产的名义农民，仍然留在农村继续从事农业生产经营的农民群体的异质性也非常明显。这些继续务农的农民如果按照收入来源构成,可以划分为纯农户、以农业为主的兼业农户和以农业为辅的兼业农户三大类(贺雪峰,2009)。如果按照这些继续务农农民的身份、职业或现代性划分,他们又可以被划分为传统农民与职业农民,前者属于世袭者,土生土长、流动性小,农业生产的自给自足特性鲜明,多余农产品进行市场销售目的也是为了换回自己所不能生产的物品;而后者则是更加主动地从事农业生产,更加愿意进行知识学习与投入农业生产所需的资金、技术等要素,他们的农业生产经营更加体现市场需求导向,力图获得利润最大化(Wolf,1999;汪先平和曹成,2007)。

因此农民个体之间无论在年龄、受教育程度等方面,还是在所拥有的农地面积与农业生产资料等方面,抑或是在风险偏好等方面都存在着差异化(李卓鹏,1999;林坚和马彦丽,2006;郭熙保和黄灿,2010),也就是说,中国当下的农民存在着人口统计学特征、农业生产特征和风险偏好特征方面的异质性。

4.3　成员参与动机及研究假设

所谓动机,是指直接推动个体行为活动的内部原因,是引起和维持个体行为并将此行为导向某一目标的愿望或意念(车文博,2001)。动机问题是心理学领域研究的焦点问题之一(Maslow,1943;Dweck & Leggett,1988),动机理论也被学者应用到了对参与性动机的分析中(Sit & Lindner,2006;Gaul et al.,2010)。

其中,内部动机(指人内在的、自愿性的动机)与外部动机(在外在条件的诱导与刺激下产生的动机)的分析视角被较好地用以解释人们的参与性动机(Richard & Deci,2000;Bénabou & Jean,2003),即认为人们参与某个组织或者活动的动力一方面来自人们内在的需要与认同,体现自愿性;另一方面来自于外在因素的逼迫与诱惑,具有强制或诱导色彩(Hars & Ou,2002;Tsorbatzoudis et al.,2006)。如果根据政治学领域所界定的政治参与动机,其既包括了自发参与,也包括了动员参与(亨廷顿和纳尔逊,1989)。

对于成员加入合作社的动机而言,根据笔者大量的文献阅读和田野调查经验,欧美发达国家的农业合作社初始发展主要遵循的是自下而上的自发推动原则,农民当初加入合作社基本是自愿的,农民基于内部性动机加入合作社。中国当前农民专业合作社的发展既有农民为了能够卖出农产品,提高自身收入而主动组建合作社的行为,具有自下而上的自发发展特征;又有地方政府和有关部门组织为了推动经济发展、推动自身组织发展和完成上级考核等要求而鼓励、带动农民专业合作社的发展特性,具有相当意义上的自上而下的推动发展特征。这就使得有些农民成员加入合作社是出于自身农业生产经营的需要,这些成员看好合作社所能发挥的作用,所以他们自愿性地加入合作社;而有些农民成员选择加入合作社是出于地方政府部门的要求,或者是出自其他人或组织的引导与请求,自己对加入合作社态度并不积极,有些不置可否。因此,本章提出假设 1:农民入社的动机存在着相对消极的外部动机与相对积极的内部动机之分。

进一步而言,对于那些相对积极参与(入社)的内部动机型成员,他们对所加入的合作社又抱有何种动机与功能期望? 虽然就世界范围而言,人们加入合作社既可能有经济性的动机,又有非经济性、社会性的动机(Schlüter,2006;Jones,Jussila & Kalmi,2009),但是成员在合作社谋求经济利益显然更为鲜明,而且他们的经济利益诉求日趋多样化(Reynolds,1997)。对于现阶段的中国而言,成员加入合作社的主要动机还是在经济性目的方面,具体包括农民希望在信息技术服务、农资采购、产品营销等方面获得合作社的支持(孙迪亮,2005;唐宗焜,2007;黄季焜、邓衡山和徐志刚,2010)。实际上,中国的农民专业合作组织中既存在偏重信息、技术服务功能的协会型组织,又存在偏重市场营销功能的合作社组织。因此,本章提出假设 2:持内部动机的成员有些希望重点获得信息技术服务等,这部分成员拥有服务导向型的动机特征,而有些成员希望重点获得合作社的产品营销等服务功能,这部分成员拥有销售导向型的动机特征。

考虑到农民之间对合作社功能需要可能存在的多样化与差异化情况(王拓和高建中,2009):有些农民成员可能仅希望合作社定期给他提供一些优良品种、优质农资等信息即可;有些成员既希望合作社能经常派技术员到其田间指导生产,也希望合作社能帮助销售其产品。还有些成员虽是被其他人或组织拉入合作社,但其仍可能希望合作社能够稍微帮助解决其产品的销售等问题。因此,本章提出假设 3:成员有些持单一的参与(入社)动机,有些持多重参与(入社)动机。

此外,基于农民成员的人口统计学特征维度、农业生产特征维度和风险偏好特征维度的异质性。本章提出假设4:农民成员个体特征的异质性会对其参与(入社)动机的差异化产生显著影响,这种异质性体现在农业生产特征、风险偏好特征和人口统计学特征三个方面。

4.4　计量分析

4.4.1　样本介绍

本章实证分析所使用的数据来自课题组于2009年7月至2009年9月在浙江省和四川省所作的农民专业合作社及其成员等的调查,分析所用的成员样本总数共309个。

4.4.2　分析模型

受制于因变量的离散特征,关于个人(家庭、组织)等决策主体对是否进行(参与)某些事项的选择(意愿)研究,理论界一般是用离散选择模型进行分析(比如McFadden & Train,2000;McFadden,2001)。以往有关农民对于农民专业合作社的需求或参与意愿类问题的研究中,有一些学者利用Probit模型实证研究了中国农户对于农民专业合作社的需求与入社意愿及其影响因素问题(赵佳荣,2008;李华等,2010),但更多的是通过二元Logistic回归模型的方法分析农民对于加入合作社的意愿等问题(郭红东和蒋文华,2004;席爱华和陈宝峰,2007;朱红根等,2008;史冰清、靳兴初和孔祥智,2010)。本章研究也将采用比较成熟的对于事件发生概率只需服从Logistic分布的二元Logistic回归模型。

4.4.3 变量说明

4.4.3.1 因变量

本章所选择的因变量是农民的"参与（入社）动机"，它主要分为两个层次：第一次层次的因变量是"内部动机"与"外部动机"，第二层次的因变量是在持"内部动机"的农民群体中，进一步将之区分为"服务导向型动机"和"销售导向型动机"。

具体而言，为了了解已经加入合作社的农民成员当初的参与（入社）动机，笔者在调研问卷中询问了农民成员的加入原因，并请他们根据重要性进行排序（最多选 4 个选项）。同时为了避免过于单一、理论化与抽象化的选项对被访者和调研员造成回答与题项归类上的困扰，课题组采取了设计尽可能通俗易懂和和尽可能多类别的选项以便于调研展开（共设计了 18 个题项，除"其他"外 17 个选项见表 4.1①），其中，外部动机选项为 C_1 至 C_3，内部动机选项为 C_4 至 C_{17}；服务导向型动机选项为 C_4 与 C_9，销售导向型动机选项为 C_{10} 至 C_{17}）。此外，由于该题项是多项选择排序题，笔者对于参与（入社）原因选项第 1 位到第 4 位，分别赋予了 4、3、2 和 1 的不同权重，即第 1 选择项得 4 分，第 2 选择项得 3 分，第 3 选择项得 2 分，第 4 选择项得 1 分。

进一步地，计算每个样本中每个动机类型得分总值，其中得分值最高的动机类型也即为该样本的动机类型，将每个样本归类为某一参与（入社）动机中。具体而言，在外部动机与内部动机层次因变量方面存在以下关系（赋值外部动机为 0，内部动机为 1）：(1)如果外部动机得分高于内部动机，则此样本因变量赋值为 0，否则为 1；(2)如果外部动机和内部动机得分相等，且外部动机拥有更靠前的动机排序，则其赋值为 0，否则为 1。在服务导向型动机与销售导向型动机层次的因变量方面（赋值服务导向型动机为 0，销售导向型动机为 1），其归类原则参照内外部动机方法。

---

① 由于第三层 C 是为了便于调研展开而设计的尽可能通俗易懂和多类别的选项，因此各 C 层次选项之间可能无法完全做到穷尽与互斥的题项设计原则，但是对于一份非自填式问卷而言，这并不妨碍调研员将之归类到正确的 B 层次。

表 4.1 参与动机具体类别

第一层 A (内外部动机)	第二层 B (服务与销售导向型动机)	第三层 C(具体选项)
外部动机 A_1		当地政府组织拉我加入的 C_1
		别人拉我加入合作社 C_2
		我的合作伙伴要求我加入合作社 C_3
内部动机 A_2	服务导向型动机 B_1	分享农机设备 C_4
		获得技术服务 C_5
		获得农业培训 C_6
		能更好管理农业生产 C_7
		产品质量提高 C_8
		生产信息共享 C_9
	销售导向型动机 B_2	降低投入品采购成本 C_{10}
		获得贷款 C_{11}
		获得较高产品价格 C_{12}
		降低营销成本 C_{13}
		方便销售 C_{14}
		获得合同保障 C_{15}
		获得稳定的市场销售渠道 C_{16}
		获得市场谈判力量 C_{17}

4.4.3.2 自变量

本章的自变量主要体现在农户的农业生产特征、人口统计学特征和风险偏好特征三个方面。

(1)农业生产特征。关于农户的农业生产特征,一般用得较多的是农地经营面积和农业收入变量,以考察农户的农业生产经营专业化与规模化水平状况(Hynes & Garvey,2009;Yiridoe,2010)。在本章中由于所调查的农户既包括了种植业,也包括了养殖业,因此不适宜用农地面积变量进行衡量。但为了继续体现农地面积变量所代表的农户规模经营程度特征,本章尝试将样本农户划分为大农户与小农户两大类。具体而言,关于"是否是规模生产大户"的变量界定,在种植业中,根据张忠根和史清华(2001),钱贵霞和李宁辉(2005)以及屈小博和霍学喜(2007)的研究启示,以 10 亩为标准,大于等于

10 亩的被认定为种植大户,赋值为 1,小于 10 亩的被认定为小户,赋值为 0。与之相对应的是,在养殖业中,根据国家发展改革委价格司(2009)在《全国农产品成本收益资料汇编》中的饲养业品种规模分类标准,将生猪年存栏头数大于 30 头、肉鸡年存栏只数大于 300 只、肉羊年存栏只数大于 100 只以及淡水鱼年养殖面积大于 30 亩等的养殖户认定为养殖大户,赋值为 1,否则为小户,赋值为 0。

同时为进一步考察农户生产经营的专业化与规模化水平,本章进一步用农户农业生产经营"是否有雇工生产(包括固定雇工和季节性雇工)"变量(有雇工的样本被赋值为 1,否则赋值为 0),"是否有农业生产设施或设备"变量(有生产设施或设备的样本农户被赋值为 1,否则赋值为 0)以及"农业净收入占家庭纯收入比重(取值范围为 0.00~1.00)"变量进行考察。其中 2008 年家庭农业经营状况为亏损的农户其家庭农业净收入被赋值为 0,相应的其"农业净收入占家庭纯收入比重"也被赋值为 0。

(2)人口统计学特征。依循前人的思路,农民人口统计学特征选择年龄、受教育程度以及农民家庭总人数变量(Blandon、Henson & Cranfield,2009;Lu et al.,2010;Jaime & Salazar,2011),同时鉴于许多农户家庭可能存在的非农工作经历与非农就业现状,以及由此可能会对被调查参与(入社)动机造成的影响,又加入了有关户主及家庭成员非农工作情况相关变量(刘承芳、张林秀和樊胜根,2002;曹建民、胡瑞法和黄季焜,2005)。在本章中,具体询问了被调查户主"是否一直以农业为主业(即是否存在某一年或某几年以打工、经商等非农工作为主,完全不从事农业生产或者仅是农忙时回家帮忙的经历)",其中户主一直以农业为主业的被赋值为 1,否则为 0;同时也询问了"家庭其他成员是否有以非农工作为主业"的情况,家庭其他成员有以非农工作为主业的被赋值为 1,否则为 0。

(3)风险偏好特征。对于农民风险偏好特征的衡量,主要通过代理测量的方法进行甄别。具体而言,本章通过询问"您认为自己属于哪个类型的农户?"然后依据农民选择对新事物(想法)的接受程度,判断其风险偏好特征。本题共有 6 个选项,其中选项 1 为"自己敢于冒风险去提出(接受)新的事物(想法),并愿意把它推广给别人"。选择该选项的农民被视为最具有风险偏好特征(最爱冒风险农户),选项 6 为"只要是新事物就不接受",选择该选项的农民被视为最不具有风险偏好特征者(最不爱冒风险农户),从选项 1 到选项 6,农民的冒风险倾向逐渐降低。

(4)产业与地区特征。本章将农户所属产业分为种植和养殖两大类,分别赋值为 0 和 1;在地区变量上,以浙江省为参照组,也即将浙江省和四川省的地区变量分别赋值为 0 和 1。在本章中产业和地区变量被作为控制变量放入模型中进行观察。

4.4.4 模型表达与变量描述

本章所采用的二元 Logistic 回归模型公式表达如下:

$$Y = \mathrm{Ln}(\frac{P_i}{1-P_i}) = \beta_0 + \sum_{k=1}^{n}\beta_k X_i + \mu$$

其中,X_i 是自变量,β_0 和 β_k 分别为回归截距和回归系数,P_i 是第 i 个事项的发生概率,μ 是随机扰动项。

对于本章而言,两个层面因变量的具体模型表达式为:

$$Y_1 = \mathrm{Ln}(\frac{P_I}{1-P_I}) = \beta_0 + \beta_1 X_1 + \beta_2 X_2 + \beta_3 X_3 \ldots + \beta_{12} X_{12} + \mu$$

$$Y_2 = \mathrm{Ln}(\frac{P_S}{1-P_S}) = \beta_0 + \beta_1 X_1 + \beta_2 X_2 + \beta_3 X_3 \ldots + \beta_{12} X_{12} + \mu$$

其中,P_I 为内部动机,P_S 为销售导向型动机。

本章所使用的自变量情况如表 4.2 所示。

通过数据分析可以得到持外部动机者样本总数为 42 个,其赋值为 0;持内部动机者样本总数为 267 个,其赋值为 1。持服务导向型动机者为 121 个,其赋值为 0;持销售导向型动机者为 146 个,其赋值为 1。此外,在内部与外部动机层面,有 14 个样本仅持外部动机,198 个样本仅持内部动机;而在服务与销售导向型动机层面,在 198 个仅持内部动机者中,有 22 个样本仅持服务导向型动机,28 个农户仅持销售导向型动机。由此可以看出,在被调研农民中,持内部动机者要多于外部动机者;持销售导向动机者要高于服务导向动机者;持多重动机者要多于单一动机者。被调查农民的参与(入社)动机总体上呈现出了差异化特征。

表 4.2 第 4 章所使用的自变量名称及其定义

	变量名称	变量定义
农业生产特征	是否为规模生产大户(X_1)	规模生产农户=1,小农户=0
	是否有雇工生产(X_2)	有雇工生产农户=1,没有雇工生产农户=0
	是否有农业生产设施或设备(X_3)	有农业生产设施或设备农户=1,没有农业生产设施或设备农户=0
	家庭农业净收入占家庭纯收入比重(X_4)	家庭农业净收入值/家庭纯收入值
人口统计学特征	年龄(X_5)	户主年龄数
	受教育程度(X_6)	户主受教育年数
	家庭成员总数(X_7)	家庭成员总个数
	是否一直以农业为主业(X_8)	户主一直以农业为主业=1,有以非农工作为主业经历=0
	家庭其他成员是否有以非农工作为主业(X_9)	家庭其他成员有以非农工作为主业=1,家庭其他成员没有以非农工作为主业=0
风险偏好特征	风险偏好类型(X_{10})	户主爱冒风险程度,最高=1,非常高=2,比较高=3,比较低=4,非常低=5,最低=6
产业与地区特征	产业类型(X_{11})	种植类=0,养殖类=1
	地区类型(X_{12})	浙江、四川(以浙江为参照组)

进而,一方面,通过对内外部动机模型所涉及变量的描述性统计发现,持内部动机成员在农业生产特征所包含的 4 个变量上均值均高于持外部动机者,这说明持内部动机成员的农业生产专业化水平和规模化水平更高;并且持内部动机的成员受教育程度更高,具有更大的风险偏好(具体见表 4.3)。

表 4.3 内外部动机模型自变量描述

模型变量		外部动机均值	内部动机均值	合计均值	标准差
农业生产特征	是否为规模生产大户(X_1)	0.17	0.31	0.29	0.46
	是否有雇工生产(X_2)	0.24	0.30	0.29	0.45
	是否有农业生产设施或设备(X_3)	0.43	0.47	0.46	0.50
	家庭农业净收入占家庭纯收入比重(X_4)	0.55	0.82	0.78	0.32

模型变量		外部动机均值	内部动机均值	合计均值	标准差
人口统计学特征	年龄（X_5）	47.60	48.96	48.78	9.72
	受教育程度（X_6）	6.86	7.10	7.06	3.35
	家庭成员总数（X_7）	3.57	3.46	3.47	1.17
	是否一直以农业为主业（X_8）	0.74	0.75	0.75	0.43
	家庭其他成员是否有以非农工作为主业（X_9）	0.52	0.46	0.47	0.50
风险偏好特征	风险偏好类型（X_{10}）	3.33	2.58	2.68	1.34
产业与地区特征	产业类型（X_{11}）	0.38	0.34	0.35	0.48
	地区类型（X_{12}）	0.55	0.60	0.60	0.49

另一方面,通过对持服务导向型动机与销售导向型动机成员的均值比较发现,持服务导向型动机农民在农业生产特征所包含的 4 个变量上的均值均高于持销售导向型动机者,这说明持服务导向型动机成员的农业生产专业化水平和规模化水平更高;此外,持服务导向型动机者受教育程度更高,具有更大的风险偏好(具体见表 4.4)。

表 4.4　服务导向型与销售导向型动机模型变量描述

模型变量		服务导向型动机均值	销售导向型动机均值	合计均值	标准差
农业生产特征	是否为规模生产大户（X_1）	0.44	0.21	0.31	0.46
	是否有雇工生产（X_2）	0.44	0.02	0.30	0.46
	是否有农业生产设施或设备（X_3）	0.57	0.38	0.47	0.50
	家庭农业净收入占家庭纯收入比重（X_4）	0.85	0.79	0.82	0.28
人口统计学特征	年龄（X_5）	47.60	48.96	48.78	9.72
	受教育程度（X_6）	6.86	7.10	7.06	3.35
	家庭成员总数（X_7）	3.57	3.46	3.47	1.17
	是否一直以农业为主业（X_8）	0.74	0.75	0.75	0.43
	家庭其他成员是否有以非农工作为主业（X_9）	0.52	0.46	0.47	0.50

续表

模型变量		服务导向型动机均值	销售导向型动机均值	合计均值	标准差
风险偏好特征	风险偏好类型（X_{10}）	3.33	2.58	2.68	1.34
产业与地区特征	产业类型（X_{11}）	0.38	0.34	0.35	0.48
	地区类型（X_{12}）	0.55	0.60	0.60	0.49

4.4.5 估计结果

进一步地,在表4.3和表4.4对两个动机模型的变量进行描述性统计分析的基础上,运用二元 Logistic 计量模型来分析农业生产特征、人口统计学特征、风险偏好特征等维度的自变量对动机类型因变量的影响及其显著性程度。

本章采用 SPSS 14.0 统计软件对被调研样本数据进行处理,在数据分析时,本章采用默认的强制进入法(Enter)。

4.4.5.1 内、外部动机模型计量结果

首先对内、外部动机模型进行综合检验(omnibus tests),结果显示似然比 χ^2 值等于 36.70,在 0.001 水平下显著,说明自变量与因变量之间的线性关系显著,至少有一个自变量具有统计学意义。进一步通过表4.5可以看出,在内、外部动机模型的农业生产特征维度,自变量"家庭农业净收入占家庭纯收入比重(X_4)"在 0.01 水平下显著,自变量"是否为规模生产大户(X_1)"在 0.05 水平下显著,系数都为正值。在风险偏好特征维度的自变量"风险偏好类型(X_{10})"在 0.05 水平下显著,系数为负值。

由于本模型赋值持外部动机者为 0,持内部动机者为 1,这也就意味着,相较持外部动机者,持内部动机者更为明显的是那些家庭农业净收入占家庭纯收入比重更大的更具有规模生产特征的农户类型;并且持内部动机者往往是那些更爱冒风险的农户。不过本模型在产业与地区特征上并没有表现出显著差异,在家庭成员总数等人口统计学维度上也没有显著差异。而 Hosmer-Lemeshow 检验显著性系数值为 0.240(大于 0.05)说明,模型预测数据和期望数据之间差异无统计学意义,模型拟合较好。

表 4.5　内、外部动机模型估计结果

模型自变量		B	S.E.	Wald	Sig.	Exp (B)
农业生产特征	是否为规模生产大户(X_1)	1.006**	0.500	4.048	0.044	2.734
	是否有雇工生产(X_2)	−0.380	0.469	0.655	0.418	0.684
	是否有农业生产设施或设备(X_3)	0.087	0.383	0.051	0.821	1.090
	家庭农业净收入占家庭纯收入比重(X_4)	2.270***	0.529	18.392	0.000	9.683
人口统计学特征	年龄(X_5)	0.023	0.022	1.143	0.285	1.023
	受教育程度(X_6)	0.039	0.063	0.374	0.541	1.040
	家庭成员总数(X_7)	0.031	0.185	0.028	0.867	1.032
	是否一直以农业为主业(X_8)	−0.145	0.433	0.113	0.737	0.865
	家庭其他成员是否有以非农工作为主业(X_9)	−0.085	0.409	0.043	0.835	0.919
风险偏好特征	风险偏好类型(X_{10})	−0.337**	0.137	6.089	0.014	0.714
产业与地区特征	产业类型(X_{11})	−0.476	0.391	1.482	0.223	0.621
	地区类型(X_{12})	−0.030	0.403	0.006	0.940	0.970
Constant		−0.063	1.717	0.001	0.971	0.939
−2 Log likelihood		208.955				
Cox & Snell R Square		0.112				
Nagelkerke R Square		0.204				
Hosmer and Lemeshow Test		0.240				

注:** 表示在 0.05 水平下显著;*** 表示在 0.01 水平下显著。

4.4.5.2　服务导向型与销售导向型动机模型计量结果

对服务导向型与销售导向型动机的模型综合检验(omnibus tests)显示,其似然比 χ^2 值等于 60.933,在 0.001 水平下显著,说明自变量与因变量之间线性关系显著,至少有一个自变量具有统计学意义。通过表 4.6 可以看出,在服务导向型与销售导向型动机模型的农业生产特征维度,自变量"是否有雇工生产(X_2)"在 0.01 水平下显著、自变量"是否为规模生产大户(X_1)"和"是否有农业生产设施或设备(X_3)"在 0.05 水平下显著,系数为负值;被调研样本人口统计学特征维度的"受教育程度(X_6)"变量在 0.05 水平下显著,且系数也为负值;被调研样本在风险偏好特征维度的"风险偏好类型(X_{10})"变量上也在 0.05 水平下显著,系数值为正。

由于本模型赋值持服务导向型动机者为 0,持销售导向型动机者为 1,这也就意味着,相较持销售导向型动机者,具有服务导向型动机特征的样本其家庭更加倾向于雇工人进行生产,更加有可能拥有农业生产设施或设备,更加具有规模生产特征;持服务导向型动机者具有更高的受教育水平,且更爱冒风险。

不过本模型在产业与地区特征上并没有表现出显著差异,在年龄等人口统计学维度上也没有显著差异。另外,通过 Hosmer-Lemeshow 检验也说明,模型拟合较好。

表 4.6 服务与销售导向型动机模型估计结果

模型自变量		B	S. E.	Wald	Sig.	Exp (B)
农业生产特征	是否为规模生产大户(X_1)	−0.735**	0.324	5.158	0.023	0.479
	是否有雇工生产(X_2)	−0.878***	0.341	6.637	0.010	0.416
	是否有农业生产设施或设备(X_3)	−0.664**	0.283	5.505	0.019	0.515
	家庭农业净收入占家庭纯收入比重(X_4)	−0.547	0.540	1.027	0.311	0.579
人口统计学特征	年龄(X_5)	0.004	0.017	0.060	0.806	1.004
	受教育程度(X_6)	−0.126**	0.051	6.138	0.013	0.882
	家庭成员总数(X_7)	−0.095	0.137	0.480	0.488	0.909
	是否一直以农业为主业(X_8)	−0.184	0.335	0.302	0.582	0.832
	家庭其他成员是否有以非农工作为主业(X_9)	−0.118	0.316	0.141	0.708	0.888
风险偏好特征	风险偏好类型(X_{10})	0.267**	0.112	5.655	0.017	1.306
产业与地区特征	产业类型(X_{11})	−0.464	0.310	2.248	0.134	0.629
	地区类型(X_{12})	−0.247	0.315	0.615	0.433	0.781
Constant		2.303*	1.347	2.925	0.087	10.007
−2 Log likelihood		306.863				
Cox & Snell R Square		0.204				
Nagelkerke R Square		0.273				
Hosmer and Lemeshow Test		0.165				

注:** 表示在 0.05 水平下显著;*** 表示在 0.01 水平下显著。

4.4.6 结果讨论

通过以上两个模型的分析结果可以看出,内、外部动机模型结果反映的专业化、规模化程度更高的农民成员更愿意积极主动地加入合作社的容易让人理解,但服务与销售导向型动机模型估计结果体现出的专业化、规模化水平更高的农民成员更倾向于以信息、技术服务等服务导向型动机参与(入社)的逻辑并不是很容易让人认同,但实际上,仍然可以对这一数据现象进行解释。

4.4.6.1 合作社功能的刻板印象

一方面以提供信息技术服务为主要功能的农民专业协会在中国的起步要早于农民专业合作社,在众人的主观印象当中其属于合作社发展的原始初级阶段,现在农民专业协会组织形式早已不符合实践发展要求;另一方面,这些年在市场经济舞台上崭露头角、媒体宣传报道较多、给人留下深刻印象的那些优秀合作社多数属于具有较强市场营销能力的合作社,从而多数时候会给人留下以下刻板印象:即多数成员尤其是专业化、规模化水平更高的成员在当下希望通过加入合作社帮助其解决产品销售、开拓市场销售空间等,即他们以销售导向型动机加入合作社。

4.4.6.2 成员的参与动机实质

实际上,由于中国的合作社多数成立时间较晚,而那些所谓规模生产农户或专业户,多数在合作社成立之前就已经在从事农业生产,并且其在规模成长的过程中已经掌握了足够的市场销售网络渠道,所以相较那些小农户他们并不特别苦恼于产品没有销路,因此也就不特别冲着解决市场销路目的加入合作社。

这些专业化规模农户多数时候对合作社更加期望的是:一方面,通过参与到合作社当中,能够吸引到足够的有生产经验的农民,让他们发挥自身的技术经验优势,成为合格的农业产业工人,以帮助专业大户提高其生产的标准化水平,提高产品质量,使得大户的产品能够更容易卖和卖得价格更高;另一方面,他们参与到合作社中,可能是想通过合作社获得更大、更稳定的原料渠道,即通过合作社建立起产品生产基地平台,而这些大户很多时候具有明显的农村经纪人特征。

需要指出的是,这些持服务导向型动机目的参与(入社)的农民成员并不一定就没有持有销售导向型动机,他们也可能希望能够通过合作社注册品牌,申请有机、绿色认证,或者投资建立加工线等。也即,正如前文在划分农民功能动机类别时所指出的那样,这些被划分到持服务导向型动机类型的农民,除了持有单一的服务导向型动机类型,也包含持有服务导向型和销售导向型双重动机。

而相较专业化、规模农户,那些小农户由于其规模较小,并不具备独立的市场营销能力,在合作社没有成立之前,他的产品销售依赖于上门收购的农村经纪人或者农业企业组织等其他市场主体,因此当合作社成立以后他们同样期望合作社能够帮助其解决产品销售问题,帮助其开拓市场销售,以及通过合作社获得更高的市场售价。因此也就不难理解,为什么会出现规模农户更加倾向于以服务导向型目的参与(入社)的动机特征。

4.5 本章小结

本章说明了中国当下仍然在从事农业生产经营的农民,他们在农业生产特征、人口统计学特征和风险偏好特征三个维度都出现了特征异质性,并且这些农民成员在加入合作社时所持有的动机也具有差异化特征,具体表现为:(1)持内部动机者要明显多于持外部动机者;(2)持销售导向型动机者稍高于持服务导向型动机者;(3)少数农民持单一型参与(入社)动机,多数农民持多重参与(入社)动机。

通过对309个样本农户数据的实证研究,基于二元 Logistic 模型分析发现:(1)相较持外部动机者,持内部动机者属于更爱冒风险,家庭农业净收入占家庭纯收入比重较大和规模生产特征更明显的农户类型;(2)相较持销售导向型动机者,具有服务导向型动机特征的样本,其家庭更加倾向于雇工人进行生产,更加有可能拥有农业生产设施或设备,更加具有规模生产特征,并且持服务导向型动机者具有更高的受教育水平,且更爱冒风险。

而合作社要想使得加入合作社的成员在合作社当中参与积极,就得考虑在吸纳新的成员入社时选择那些持内部动机者入社,不要将任何人都吸纳入社,尤其忌讳拉人入社,要理性认识目前合作社成员所持有的多重入社动机现实,并且为不同特征的成员制定侧重点不同的差异化服务策略,以使得其更加忠诚于合作社,有利于合作社的整体发展。

本章的主要局限性在于虽然为了便于调研展开设计了通俗易懂和多类别的参与(入社)动机选项,但这种分类方法可能存在无法完全做到穷尽与互斥的题项设计原则,而且由于农民持有多重参与(入社)动机,因此二元 Logistic 回归模型是一个不错的分析方法,但显然也牺牲了持有多重参与(入社)动机样本的一些变量属性。未来的研究中需要考虑设计更为精确合理的参与(入社)动机变量题项,以及选择更为匹配的分析模型,而更多的样本量显然也是一项精美研究的题中之意。

5　成员参与角色与参与行为

上一章阐述了农民的异质性,农民成员在加入合作社时所持有的差异性动机,并且论证了专业化、规模化农户更加倾向于以内部动机和服务导向型动机目的参与(入社)。本章将尝试提出成员参与的构成维度,说明加入合作社的成员在组织中扮演的角色和相应的参与行为,并探求导致成员在多个维度上存在参与程度差异的影响因素,也尝试回答成员的差异化参与(入社)动机,是否会导致成员在合作社中的参与角色与相应的参与行为的不同。

本章结构安排如下:5.1节提出问题;5.2节提出成员参与的构成维度框架;5.3节提出基于中国情境的成员参与特征;5.4节对样本成员的参与角色与参与行为现状进行描述性统计检验;5.5节以成员参与的多个维度为因变量,借助Tobit模型和多变量Probit模型进行计量分析,检验导致成员在多个维度上存在参与程度差异的因素及其显著性程度;5.6节为章节小结。

5.1　问题的提出

在欧美合作社的初始发展阶段,工人想通过消费合作社降低生活成本,农民想通过农业合作社解决农产品的销售等问题(Bager,1988;Birchall,2003)。合作社在当时给穷人提供了增加收入的机会,使成员获得了多方面的福利提升(Hind,1997;Pinto,2009)。当时的农业合作社在相对稳定的市场中,并没有面临全球化、供应链整合的竞争压力;合作社在发展战略上采取防御性策略,组织目标比较简单清晰,合作社的经营内容较少,组织资产不多,追求成本最小化;在生产行为上采取成员与生产导向,销售未加工或仅经简单加工的低附加值产品等(Nilsson,1999;Katz & Boland,2002;Chaddad & Cook,2003)。

因此,在传统的合作社当中,合作社奉行开放的成员资格,成员的惠顾者(使用者)身份比较突出,成员的所有者(投资者)角色属于从属地位,甚至可以说所有权仅限于成员惠顾者,收益分配与成员的惠顾额成正比,成员扮演惠顾者而没有担当投资者角色。同时,成员的管理者(控制者)角色比较普遍与规范,采取一人一票原则,成员享有平等的选举权,广泛参与合作社管理。也即在传统合作社(包括农业合作社)当中,成员身份比较同质,成员能够利用他的管理者(控制者)角色通过民主控制,确保惠顾者(使用者)身份的实现,达到服务自我的目的,同时能够利用所有者(投资者)角色,支持合作社组织的存在和发展。

二战以后,世界社会经济与科学技术都取得了显著发展与进步,人民生活水平有了显著提高,农业市场也开始发生意义深远的结构性变革。一方面,农产品在量上已从短缺转向过剩状态,农产品消费者的需求越来越高品质和多样化;另一方面,农业产业链条不断延伸,而且随着新型生物和工业技术的推广与应用,农业生产者开始生产和销售新品种,一些传统农产品市场开始消失,农产品的保鲜、加工与包装技术越发先进,物流配送体系更加便捷完善;此外,在全球一体化和贸易自由化趋势加剧的背景下,在世界贸易组织(WTO)与欧盟(EU)等国际与区域性组织的推动下,很多国家开始减少、取消或改革旧有的对本国农业的扶持与保护政策,不同程度地开放本国农业市场,从而使得地区农业市场的竞争更加激烈(King,1995;Hendrikse,2004;Hendrikse,2006;Chang,2009)。在此背景下,传统的农业合作社一方面需要满足消费者日益差异且高品质化的需求,提高产品的品质、开发新品种;另一方面,合作在生产加工环节面临来自大型农业食品加工企业的激烈竞争,在零售环节面临来自诸如沃尔玛之类的大型零售商对产业链的控制;此外,很多国家的农业合作社已经越来越不受政府部门的特殊照顾(Hendrikse,2006;Nilsson & Ohlsson,2007)。总体而言,农业合作社组织的角色正在重塑(Sykuta & Cook,2001)。在此过程中,合作社的组织内部也在发生变化,合作社的异质性成员资格凸显,不得不进行处理(Karantininis & Zago,

2001)；合作社的传统产权安排出现变异，外部投资者开始出现在合作社当中，合作社的治理结构安排等也发生变化（Nilsson，1998；Nilsson，1999；Fulton & Giannakas，2001）。

因此，随着欧美国家社会经济的整体进步与转型，随着农业领域的发展与变革，更随着合作社组织的成长与壮大，农业合作社成员的同质性特征和均齐性角色出现明显变异。一是成员的惠顾者（使用者）角色分化明显，有些农户与和合作社的惠顾额变小，甚至不再惠顾合作社，而有些农户与合作社交易更加积极，惠顾额也不断提升。二是成员的所有者（投资者）角色开始凸显，其不再从属于成员的惠顾者（使用者）身份，很多农业合作社当中出现了以入股投资为主要目的的农户，有些纯粹的非农户（包括企业组织）等所有者（投资者）开始加入合作社，成员的股金也可以有条件地进行内部交易；三是成员以一人一票为特征的管理者（控制者）身份日益受到挑战，很多合作社出现了基于惠顾额的成员差异化投票权设置，职业经理人和专业岗位人员也加剧替代成员进行日常事务决策。合作社成员的同质性身份出现瓦解与分化。

中国当前的农民专业合作社在面临成员异质性状态和市场竞争压力下，成员的参与角色和行为如何，理论界并没有给予很好地解答。为更好把握当前中国农民专业合作社的成员特征现状，有必要尝试提出一个基于中国情境的成员参与分析框架，在阐述成员参与构成维度与内涵的基础上，对于中国的合作社特征情况进行阐述和假设，并且通过抽样样本数据，实证检验中国农民专业合作社成员在参与合作社组织运行过程当中的角色与行为情况。

5.2　成员参与构成维度

从"参与"概念衍生而来的农民专业合作社组织的"成员参与"（member participation）体现着会员型组织中会员对组织各种活动事项的参加，是依法加入农民专业合作社的成员个体，通过多种形式参加合作社的生产经营活动，其在合作社当中扮演了不同的角色，其中参与行为包含了业务参与、资本参与和管理参与三个维度，与之相对应的是，合作社成员在参与过程中分别形成了惠顾者、所有者与管理者的角色。具体而言，也就是对于一个标准意义上的合作社组织而言，作为惠顾者（使用者）—所有者（投资者）—管理者

（控制者）结合体（Reynolds，1997；Sigismondo，2005；Barton，2009）的成员在参与合作社运行过程中，不但作为惠顾者（使用者）有业务参与行为产生，作为所有者（投资者）有资本参与行为产生，而且也作为管理者（控制者）产生管理参与行为。

5.2.1　惠顾者角色与业务参与

成员的业务参与是指成员通过产品和服务参加合作社的组织运行活动，此时成员在合作社中扮演了惠顾者（使用者）角色。其中，产品参与主要是指成员把自己所生产的农产品卖给合作社或者通过合作社购买农业生产资料，这是成员作为惠顾者（使用者）的最主要体现（Wadsworth，1991）；服务参与主要是指成员通过参加合作社获得生产信息技术培训与指导等，很多合作社在农产品销售（农资等生产原材料供给）之外，会提供形式多样的信息技术服务，以帮助成员提高生产经营技能等（Bravo-Ureta & Lee，1988；Theuvsen & Franz，2007）。

5.2.2　所有者角色与资本参与

成员的资本参与是指成员通过在加入合作社时缴纳股金等方式参加合作社的组织运行活动，成员此时在合作社中扮演了所有者（投资者）角色。在欧美国家传统农业合作社中，成员的投资者角色受到抑制，属于从属地位，且成员持股比较均衡，甚至在一些合作社当中，成员所持股份很多时候是象征意义的资格股，不作为分红依据，即虽然具有所有者身份，但合作社的盈余分配是基于成员与合作社的产品惠顾额。但随着外部发展环境的变革，合作社的发展壮大和对经营资本的需求扩大，成员的投资者角色越发显露，甚至出现以北美新一代合作社为典型的成员根据其惠顾额等比例出资以及获得相应返利的情况（Schrader，1989；Petersen，1997；Chaddad & Cook，2004）。总体而言，合作社全体成员间的持股差距并不特别明显，并且仍然从属于成员的惠顾者角色。

5.2.3　管理者角色与管理参与

成员的管理参与是指成员通过正式与非正式的方式参与合作社的重大

事项决策管理。此时成员在合作社中扮演了管理者（控制者）角色。其中，正式管理参与是指成员通过合作社的权力机构——成员大会，以发表意见以及投票等方式讨论与决策以下内容：(1)修改合作社章程；(2)选举和罢免合作社领导；(3)决定重要财产处置、对外投资等重大事项；(4)批准年度业务报告、盈余分配方案等重大事项①。对于一些大的合作社而言，成员则通过参与地区性的成员大会，讨论和投票表决合作社重大事项，并通过选举本地区成员代表，以及通过成员代表向总社成员（代表）大会施加影响力，管理合作社的重大事项。

非正式管理参与是指成员通过非正式渠道向合作社理、监事会或专门部门机构提出个人意见与建议等方式影响合作社日常经营管理活动，它实际上说明了合作社成员除了依托成员（代表）大会通过投票等方式正式地决策重大事项，还通过非正式的渠道以异议等方式表达个人意见(Fulton，1999；黄祖辉和徐旭初，2006)，这是对成员正式管理参与的有益补充。非正式管理参与也是成员组织公民行为的最好体现。

合作社成员管理参与的价值在于其正是合作社有别于其他组织的特殊特征。成员对于合作社的经济（业务和资本）惠顾对于合作社的发展非常重要，但是如果仅限于此，则合作社与其他商业组织并无多少差别(Gray & Kraenzle，1998)。对于发展中国家而言，成员积极参与组织管理，参与成员（代表）大会也至关重要，它与合作社的发展紧密相关(Ozdemir，2005)。

需要特别指出的是，参照陈振明和李东云（2008）在"'政治参与'概念辨析"一文中所提出的观点，成员是指合作社的全体成员（包括了合作社的理、监事会成员），成员的管理参与行为也包含了这些理、监事会成员的管理参与行为，但理、监事会成员受聘于合作社，其作为合作社的职员所进行的职业活动并不属于管理参与的范畴。比如如果某合作社副理事长负责合作社产品销售工作（不管他有没有从合作社中领取报酬），则其围绕合作社的产品销售所进行的与下游客商谈判、产品销售广告策划等职业活动并不属于合作社成员的管理参与行为。但如果副理事长作为合作社的成员投票选举合作社的理事长，或者在成员大会就合作社的发展情况提出自己的看法或者意见等，

---

① 中国的《农民专业合作社法》对成员大会职能有详细规定。

则属于管理参与的行为。对于此种划分管理参与行为的原则,亨廷顿和纳尔逊(1989)也持类似的意见。其在《难以抉择——发展中国家的政治参与》一书中针对"政治参与"的定义有过清晰的界定:"我们确定的政治参与概念,不包括作为角色行为的政府官员、政党骨干、政治候选人和职业院外活动分子的活动。例如,不包括一名高级文官在政府机构中制定政策的活动,但包括文官在选举中的投票活动或在市镇会议上的演讲活动。"

5.3　中国合作社成员参与角色与参与行为及研究假设

相较欧美发达国家农业合作社的成员参与特征,中国的农民专业合作社成员在参与角色上可能总体呈现出:偏离惠顾者(使用者)—所有者(投资者)—管理者(控制者)合一的经典范式。也即很多农民专业合作社内的惠顾者(使用者)成员,可能不怎么具有所有者(投资者)身份,其享有的管理者(控制者)身份也可能非常有限,甚至其并不奢望管理者(控制者)身份的获得。

在参与行为上可能总体呈现出:多数成员与合作社有着较多的业务参与,包括进行产品交易和享受合作社提供的服务等,但是紧密程度不够,更像市场契约关系;很多成员并不进行资本参与,少数成员在合作社中的资本参与明显;一些成员基本没有进行管理参与,一些成员的管理参与仅限于形式,对合作社影响力非常有限,少数成员对合作社的控制力明显。具体表现在以下方面。

5.3.1　中国合作社成员的惠顾者角色与业务参与

在成员的产品参与方面,对于中国多数的小规模农户而言,由于其卖难问题较为突出,他们加入合作社后首先看重的是所生产产品的市场进入与价格改进(徐旭初,2006)。即农民更加愿意以比市场价更优惠的价格销售给合作社,直接获得收益提升,而不太愿意等待一段时间再获得惠顾额返利——虽然与价格优惠相比,惠顾额返还制度更加正规和稳定(孙亚范和余海鹏,2009)。因此很多农民成员与合作社的关系更像是市场买卖关系,双方按照契约(订单)农业的思路进行操作,只是这种关系更加嵌入农村社区共同体之中。但成员与合作社之间的交易关系并不稳定,一旦其他市场主体的收购价格高于合作社的报价时,很多成员会与合作社毁约,把产品交售给其他市场个体。这充分反映出中国的小农户更重视眼前利益的习惯(苑鹏,2008b;曾明星和杨宗锦,2011),也揭示出成员对合作社的组织认同度不够,缺乏足够的组织承诺。当然,在很多合作社中,特别是那些操作比较规范、组织绩效也不错的合作社当中,成员仍然能够获得一些基于惠顾额的返利。

在成员的服务参与方面,对于中国的农民专业合作社尤其是那些由专业协会转化而来的合作社组织而言,为成员提供技术培训,促成信息与经验共享等是其不可或缺的组织功能,发挥着重要作用(唐宗焜,2007;刘登高,2007),这其中尤以成员能够参与享受技术培训与指导最为普遍。此外,中国的多数营销型农民专业合作社提供的各种内部专业化服务大部分是基于成本价(或略高于成本价),甚至还有一些是无偿服务[①]。这种专业化服务不能为成员带来直接的经济收益,但能够帮助成员提高生产水平,改善其经营能力。因此绝大多数农民成员只要在进行农业生产,就愿意不同程度地享受合作社提供的专业化服务,进行服务参与。当然除了那些专业性服务合作社或者综合性合作社,多数营销型合作社并不会基于成员的服务惠顾额给予成员惠顾额返还,农民也基本不会就此索要返利。限于合作社的发展实力和发展经验,目前中国的农民专业合作社能够开展起来的专业化服务非常有限,这也使成员的服务参与内容较少,形式较单一。因此,本章提出假设1:中国农民专业合作社成员不同程度参与了合作社组织的产品与服务活动,但是参与形式不够紧密和多样化。

5.3.2 中国合作社成员的所有者角色与资本参与

对于中国的农民专业合作社而言,多数合作社成员的入股股金不再仅仅视为资格股,而是作为成员的投资股金,支持合作社的发展壮大,同时也作为成员参与合作社盈余分配的依据,并按照入股量的多少进行分配。因此,成员作为所有者特别是作为投资者的角色比较凸显。需要注意的是,由于中国

---

① 那些专门的服务类合作社也是无偿、基于成本价或者略高于成本价为成员提供专业化服务,它们的营利来源主要靠服务非成员的农户时所收取的市场价格。

的《农民专业合作社法》并没有规定成员必须人人入股,这就使多数属于农村能人的合作社发起者,不但可以合法地主动投资合作社,还可以占大股,并利用自己的控制权获得更多的投资回报(卢新国,2009)。即这些大股东可能利用自己在合作社内的领导人职务,推动合作社实行更为明显地按照入股股金额度进行盈余分红的制度,从而使大股东能获得更多的合作社利润。对于很多小农户而言,他们只是希望通过与合作社建立的稳定销售契约解决市场进入和价格改进问题,并且很多时候这些农民成员并不太信任合作社的核心成员,也不认为入股合作社是一种有利可图的回报,因而不愿意轻易入股(应瑞瑶,2004)。因此,本章提出假设2:中国农民专业合作社成员的投资者角色整体上更为凸显,成员间的持股额度差异较大,少部分成员持股比例较多,而很多成员并不持有合作社股金,也难以获得股金分红。

5.3.3 中国合作社成员的管理者角色与管理参与

由于多数合作社发展规模不大,成员多数来自于同一村或者临近村,成员距离合作社办公室所在地并不远,成员间也因此并不陌生,就这一层面而言,成员参与合作社管理事务、扮演合作社管理者的难度并不大。但由于中国社会缺乏民主治理的文化土壤,中国的农民专业合作社也缺乏足够长的民主治理实践,更由于合作社的理、监事会成员特别是合作社理事长等少数能人掌握着市场销路等合作社核心稀缺资源,其在合作社中拥有绝对话语权。

这就使中国的农民专业合作社虽普遍建立了成员大会制度,少部分规模大的合作社也设立有成员代表大会,但一些成员的管理参与仅限于形式,即使他们参加成员(代表)大会,其在大会上更多时候只是听合作社领导人在主席台讲话,或者听少数核心成员发言;普通成员最多围绕着自己的生产经营事务进行提问、交流,他们并不太关心、有时也不敢关心合作社层面的投资、选举等重大事项管理事务。这导致少数核心成员特别是合作社理、监事会成员掌握着合作社的成员(代表)大会,掌握着合作社重大事项的实际决定权。普通成员较难真正行使管理权力影响合作社决策,在决策中处于附属地位(孙亚范,2008;马彦丽和孟彩英,2008),作为管理者参与组织管理的积极性和参与程度较为有限。有些成员甚至因为所生产的农产品规模小、与合作社惠顾额少、没有持股等原因，连成员大会都不参与。此外，如果合作社成员（代表）大会召开时间与成员个人事务时间安排发生冲突，也会导致一些成员的技术性缺席，或者他们会选择派妻儿等出席成员大会，这也在一定程度上影响了这些成员管理者角色的发挥，影响了其对于合作社的管理参与程度。

需要特别指出的是，由于中国的农民专业合作社聘请经理人的只占很少一部分，因此合作社的理事长往往扮演着类似公司组织的"董事长—总经理"双重角色。且合作社理事长往往都是合作社的发起者，他们虽然可能是生产大户、销售大户、村干部或者其他社会组织成员，但这些理事长往往占有相当数量的合作社股金，即资本参与额度很大；并且有可能拥有很大的农业生产规模，与合作社的惠顾额惊人，业务参与程度较深；他们在管理参与行为中对合作社的日常经营决策起着决定性的作用，特别是在那些发展不规范的合作社中，甚至达到了理事长一人独大、一人说了算的程度，严重干扰和阻碍了其他成员的参与行为，成为合作社发展不规范的根本原因所在。需要指出的是，在实践中理事长作为合作社聘请的职员进行的职业活动和作为普通成员所进行的管理参与行为间较难区分。因此，鉴于理事长在合作社中的特殊地位，为避免他的存在对于成员参与问题研究所造成的严重干扰。本书中对于中国农民专业合作社成员层面的参与行为实证研究的样本对象不包括理事长[①]。因此，本章提出假设3：成员管理参与合作社的形式和主动性有限，对合作社的生产经营决策影响有限。

5.4　描述性统计检验

为验证以上假设，本章对中国的成员角色与参与情况进行描述性统计检验。本章实证分析所使用的数据同样来自课题组于2009年7月至2009年9月在浙江省和四川省所作的农民专业合作社及其成员等的调查，分析所用的成员样本总数共309个，如无特别说明，所用生产经营数据皆是2008年度信息。

---

① 也即本书第4章至第6章实证分析所用的309个成员样本不包括理事长。

5.4.1　惠顾者角色与业务参与情况

对于扮演惠顾者(使用者)角色的成员在业务参与中的产品参与方面,笔者通过调研成员所生产农产品的买家类型及出售比例,了解成员与合作社的农产品惠顾额占成员所销售农产品总额的比例,从而确定该成员与合作社在产品交易上的参与行为,并通过调研成员是否有基于惠顾额的返利了解该成员与合作社在产品参与上的紧密程度。这种惠顾额返还也是合作社的本质性特征之一(Royer & Smith,2007)。

在309名样本成员农户当中,有32名成员并没有将农产品交售给所参加的合作社,其比例占到了总样本成员数的10.4%;有72名成员将所有农产品都交售给了所参加的合作社,占总样本数的23.3%;余下的205名成员中,有92名成员的农产品交售给合作社的比例不足50%,有113名成员的农产品交售给合作社的比例处于50%~100%之间。如果以50%的交售比例为界,则有59.9%的成员将农产品主要交售给了自己所参加的合作社,人数过半。这说明了多数样本成员还是比较相信所参加的合作社,愿意与合作社发生产品交易,扮演惠顾者(使用者)角色。

进一步地,有85位样本成员从合作社获得了基于2008年惠顾额的返利,除去32位未与合作社发生农产品交售农户,在剩余的277位成员中,有30.7%的交易成员从合作社获得了返利,人数没有过半。这说明了多数成员与合作社之间的交易关系缺乏像欧美农业合作社基于惠顾额获得相同比例返利的经典惠顾者特征,彼此更像是市场独立主体间的普通买卖关系。

此外,鉴于中国成员与合作社发生农产品交易时,存在更加看重直接的价格改进情况,有必要进一步观察剩余的有与合作社发生产品交易,但没有获得基于惠顾额返利的192名样本成员是否获得直接的价格改进。

基于此,笔者进一步通过问卷咨询了样本成员"合作社收购他们的产品价格是否与非成员产品的价格有区别?"结果发现,在这192名样本成员中,有113名成员表示合作社收购他们所产产品的价格与收购非成员的价格有差异(或者合作社采取了不收购非成员产品的策略),其比例占到了192名成员中的58.9%。因此如果从成员产品参与的紧密程度进行解读,则可以发现如表5.1所示的成员产品参与紧密程度情况,成员的产品参与紧密程度可以分成四个层次，其中有 64％的样本成员获得了返利或者直接的价格改进。这或许说明当下的中国农民专业合作社有相当比例的成员仍然扮演了惠顾者（使用者）角色，只是相对欧美传统合作社的经典惠顾者角色，中国的成员更加看重直接的价格改进，中国农民专业合作社的惠顾额返还发生了一定程度的方式变革。

表 5.1　成员的产品参与紧密程度

			频数	百分比	累积百分比
没有与合作社发生产品交易			32	10.4	10.4
有与合作社发生产品交易	没有按惠顾额返利	没有价格改进	79	25.6	36
		有价格改进	113	36.5	72.5
	有按惠顾额返利		85	27.5	100

资料来源：根据样本成员数据整理所得。

对于扮演惠顾者（使用者）角色的成员在业务参与中的服务参与方面，笔者一方面通过调研成员在年度内的参加技术培训会次数及其占合作社该年度所组织的技术培训会总次数的比例，确定成员在信息技术服务培训方面的参与行为[①]；另一方面还通过调研成员参加合作社组织的其他类型服务活动情况进一步了解成员的服务参与的多样化程度。

在 309 名样本成员农户当中，有 51 名样本成员从未参加过合作社在 2008 年所组织的生产经营技术培训会，占总样本的 16.5％；有 81 名成员参加了合作社所组织的所有生产经营技术培训会，占总样本的 26.2％；其余 177 名样本成员中，有 109 名成员参加培训次数比例超过 50％，68 名成员未达到此比例，如果以 50％的参训比例为界，则有 61.5％的成员参加了半数及以上的合作社组织培训。说明在服务参与方面，多数成员仍然较好扮演了惠顾者（使用者）角色，支持了前文假设。

---

① 此处的服务参与变量仍然采用的是相对比例概念，即计算成员在年度内参加合作社所组织的技术培训会次数占该合作社年度内所组织的技术培训会总次数的比例，而不是计算成员在年度内参加合作社所组织的技术培训会的总次数，以防止不同合作社间的培训会总次数差异，从而更好地反映该成员对所参加合作社的信息技术服务的参与程度。另外由于合作社层面调研问卷中缺失 2008 年度合作社组织技术培训总次数的数据，因此本书将同一样本合作社所属成员所参加的最高培训次数视为该样本合作社所组织的培训总次数，然后计算出该合作社所有样本成员的参加培训次数比例。

此外,多达 239 个样本成员(占样本总数的 77.3%)并没有参加过合作社组织的各种种类的服务性活动。只有合计 22.7% 的样本成员在服务参与方面除了参加合作社当年所组织的技术培训,还参加了内部生产、经营经验交流、内部休闲、娱乐福利性活动,以及外出参观学习其他合作社、外出进行市场、展销会考察等一系列合作社组织的服务性活动。说明作为惠顾者(使用者)的多数成员,其服务参与方面形式相对单一。

因此,中国的合作社成员在业务参与方面,有过半的人员不同程度参与了合作社所组织的产品与服务活动,但是参与形式不够紧密和多样化。

5.4.2 所有者角色与资本参与情况

对于扮演所有者(投资者)角色的成员,笔者通过调研成员入股股金及其占所参加合作社的总股金比重了解该成员对合作社的资本参与行为,并且通过调研成员是否有股金分红了解该成员与合作社在资本参与上的紧密程度[①]。

在 309 名样本成员农户当中,有 129 名成员未入股,占总样本数的 41.7%;有 76 名成员的入股金额占样本合作社总股金比例不足 0.50%,占总样本数的 24.6%;而所占股金比例大于等于 0.50% 但小于 1.00%、大于等于 1.00 但小于 2.50% 以及大于等于 2.50% 的成员占总样本数的比重分别为 14.2%,11.0% 和 8.4%。如果以占合作社总股金 1% 为界,可以看出高达 80.6% 的成员并没有向合作社投入大量资金进行资本参与,合作社的所有者(投资者)角色分布不均匀,多数成员的所有者(投资者)角色比较弱。

通过数据整理进一步发现,有 107 名成员从合作社 2008 年的经营利润中获得了股金分红,占样本总数的 34.6%。如果除去 129 名没有入股的样本成员,则实际上有 59.4% 的入股成员从合作社获得了股金分红。因此如果从成员资本参与的紧密程度进行解读,则可以发现如表 5.2 所示的资本参与紧密程度情况,成员的资本参与紧密程度可以分成三个层次,其中没入股的成员所占比重最多。

---

① 此处仍然有采用百分比相对值的概念,以消除股金总额合作社间差异的影响。

表 5.2　成员的资本参与紧密程度

		频数	百分比	累积百分比
没有入股合作社		129	41.7	41.7
有入股合作社	没有获得股金分红	73	23.6	65.3
	有获得股金分红	107	34.6	100

资料来源：根据样本成员数据整理所得。

以上情况说明了中国的农民专业合作社成员的持股比例与股金分红情况都不均衡的特征，少数人拥有并享受着合作社的所有权和剩余索取权。很多成员丧失了作为合作社的所有者和投资者角色，导致成员的核心惠顾者角色遭遇空前挑战。

5.4.3　管理者角色与管理参与情况

对于扮演管理者（控制者）角色的成员，笔者通过调研成员参加成员大会次数及其占该社成员大会总次数的比重了解该成员对合作社的正式管理参与程度，并通过调研成员是否有向合作社提出过自己的建议或意见，了解成员的非正式管理参与情况，也通过此了解成员对于管理参与的主动性。

在 309 名样本成员农户当中，有 45 位样本成员没有参加过合作社在 2008 年度召开的成员大会[①]，占样本成员总数的 14.6％；有 161 位成员参加了合作社的所有次数的成员大会，占样本总数的 52.1％，其余 33.3％的成员（共 103 位）参加了合作社召开的一部分成员大会。这说明多数成员在参加合作社成员大会。

在 309 名样本成员农户当中，占 65.7％的样本成员（共 203 位）没有向合作社提出过有关意见建议，有 24 位成员就合作社产后产品包装与品牌营销等向合作社提出过建议，有 52 名成员就合作社产前产中生产资料与技术等方面提出过建议，有 30 名成员就合作社组织运行管理提出有关建议，分别占到样本成员数的 7.8％、16.8％和 9.7％。从中可以看出多数成员并没有尝试着更加积极地与合作社进行管理沟通。

那些提意见的成员当中有近半数围绕着与自己紧密相关的产前、产中环

---

　　①　所有样本合作社都至少召开过 1 次成员大会。

节展开,只有 17.5% 的成员更加关心自我生产以外的合作社整体发展层面问题,或者更加直接深入围绕着合作社的组织建设主题提出意见建议(具体见表 5.3),这从整体上说明了成员面对所参加的合作社,其管理参与主动性有限,对合作社的生产经营决策影响亦有限。

表 5.3　成员的管理参与紧密程度

	频数	百分比	累积百分比
没有提出过有关意见建议	203	65.7	65.7
产前产中生产资料与技术等方面建议	52	16.8	82.5
产品营销与组织运行管理方面建议	54	17.5	100.0

资料来源:根据样本成员数据整理所得。

5.5　计量分析

为进一步了解导致作为惠顾者(使用者)——所有者(投资者)——管理者(控制者)的成员在业务参与、资本参与和管理参与行为方面存在差异的影响因素,并且验证其显著性程度,本章进一步尝试构建计量模型进行实证检验。

在影响成员参与行为的一系列因素中,本章最为关心的是成员业务参与、资本参与和管理参与行为间的影响。就理论层面而言,成员的业务参与、资本参与和管理参与行为之间在较长的时间内有着互相影响的作用关系,即业务参与、资本参与和管理参与行为分别受到了其他两个参与行为情况的影响。但由于中国的农民专业合作社发展时间较短,使得这种互为因果的作用演化还不明显,成员间的参与行为变动尚不显著。本章实证分析所使用的样本属于横截面数据,不具有时间序列特征,这也限制了本章使用更为完善的面板数据估计方法去分析成员参与行为间的互相作用和演化的基本机理。因此本章在构建成员参与行为模型进行计量分析时,假定成员的业务参与、资本参与和管理参与行为间的作用路径是单向的。

具体而言,本章认为,成员在加入合作社时基本已经确定了是否入股和入股的具体金额,并且本章假定这种资本参与行为在短期内不发生变动;进而,成员的资本参与行为一方面直接影响成员与合作社的农产品惠顾额,即直接影响成员业务参与行为,另一方面成员的资本参与行为还会和业务参与行为一起影响成员参与成员大会等情况,即影响到成员的管理参与行为。其作用机理模型如图 5.1 所示,这也是本章计量模型分析所要论证的重点。

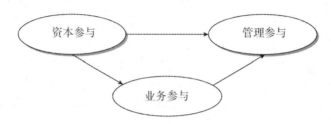

图 5.1 合作社成员参与行为间作用机理

5.5.1 分析模型

5.5.1.1 基本模型

由于成员参与行为受到了农业生产特征等一系列因素的影响,基于此,首先构建一个基本的成员参与行为模型:

$$Beh_i = \alpha Fac_i + \mu_i \tag{5.1}$$

其中 Beh_i 表示成员的业务参与、资本参与和管理参与行为,Fac_i 表示影响成员参与行为的一系列因素,α 是影响因素的系数,μ_i 表示误差项。

5.5.1.2 Tobit 模型

由于成员的参与行为具有明显的非负值特征,并且有一部分成员具有没有任何参与行为的零值特征,因此就不适宜使用多元回归模型进行普通最小二乘法的估计。对于此类问题的研究,以往的经验表明,更为合理的方式是通过 Tobit 模型进行估计(McDonald & Moffitt,1980;Austin et al.,2000;吴卫星和齐天翔,2007)。具体而言,通常 Tobit 模型会用一个基本的潜变量 y^* 来表示所观测到的响应 y,而潜变量 y^* 满足经典线性模型假定(伍德里奇,2007a):

$$\begin{cases} y^* = \beta_0 + x\beta + \mu \\ y = \max(0, y^*) \end{cases} \tag{5.2}$$

且当 $y^* \leqslant 0$ 时 $y=0$，当 $0 \leqslant y^* \leqslant 1$ 且 $y_2 = \begin{cases} 0 & y_2^* \leqslant 0 \\ y_2^* & y_2^* > 0 \end{cases}$ 时 $y = y^*$，

对于本章中的几个因变量：业务参与行为（y_1）、资本参与行为（y_2）和管理参与行为（y_3）而言，它们的 Tobit 模型分别为：

业务参与行为模型：

$$y_1^* = \beta_0 + x_i \beta + \mu，其中 \ y_1 = \begin{cases} 0 & y_1^* \leqslant 0 \\ y_1^* & 0 < y_1^* < 1 \\ 1 & y_1^* \geqslant 1 \end{cases} \qquad (5.3)$$

其中 x_i 是影响业务参与行为的一组变量，μ 是残差项。

资本参与行为模型：

$$y_2^* = \beta_0 + x_m \beta + \varepsilon，其中 \ y_2 = \begin{cases} 0 & y_2^* \leqslant 0 \\ y_2^* & y_2^* > 0 \end{cases} \qquad (5.4)$$

其中 x_m 是影响资本参与行为的一组变量，ε 是残差项。

管理参与行为模型：

$$y_3^* = \beta_0 + x_n \beta + \alpha，其中 \ y_3 = \begin{cases} 0 & y_3^* \leqslant 0 \\ y_3^* & 0 < y_3^* < 1 \\ 1 & y_3^* \geqslant 1 \end{cases} \qquad (5.5)$$

其中 x_n 是影响管理参与行为的一组变量，α 是残差项。

5.5.1.3　多变量 Probit 模型

中国的农民专业合作社成员与合作社的业务参与情况较为明显地受到其资本参与行为的影响，而其管理参与行为更是进一步明显受到成员业务参与行为和资本参与行为的共同影响，为此本章将这些变量分别放入业务参与和管理参与行为模型中进行重点观察。但由于这些变量具有明显的内生性特征，并且与方程的因变量联合被决定（伍德里奇，2007a），这就可能使得单个的 Tobit 模型估计有偏，而解决模型自变量内生性问题的普遍方法是通过使用工具变量或者建立联立方程模型的方式（伍德里奇，2007b），不过由于本章的因变量数据不适宜使用多元回归模型进行普通最小二乘法的估计，因此，本章退而求其次尝试通过运用多变量 Probit 估计方法对方程进行联合估计，以消除内生性问题对方程的影响——虽然这会使得因变量由删失

(censoring)类型进一步降低为取值 0 与 1 的二值响应变量。多变量 Probit 估计方法的最大好处在于它能控制无法观察的因素所导致的方程残差间相关问题，考虑到了内生变量的作用，并提供无偏和一致的估计，此方法最常使用 GHK（Geweke-Hajivassiliou-Keane）模拟极大似然估计方法（simulated maximum likelihood）进行估计（Arendt & Holm，2006；Salvioni et al.，2008；Roberto & Lyssenko，2011）。

对于本章而言，业务参与行为（y_4）、资本参与行为（y_5）和管理参与行为（y_6）的多变量 Probit 估计方程为：

$$y_4^* = \beta_o x_o + \varepsilon_o, \text{ 其中 } y_4 = \begin{cases} 1 & y_4^* > 0 \\ 0 & y_4^* \leqslant 0 \end{cases} \tag{5.6}$$

$$y_5^* = \beta_p x_p + \varepsilon_p, \text{ 其中 } y_5 = \begin{cases} 1 & y_5^* > 0 \\ 0 & y_5^* \leqslant 0 \end{cases} \tag{5.7}$$

$$y_6^* = \beta_q x_q + \varepsilon_q, \text{ 其中 } y_6 = \begin{cases} 1 & y_6^* > 0 \\ 0 & y_6^* \leqslant 0 \end{cases} \tag{5.8}$$

并且，$\text{cov}[\varepsilon_o, \varepsilon_p] = \rho_{op}$；$\text{cov}[\varepsilon_p, \varepsilon_q] = \rho_{pq}$；$\text{cov}[\varepsilon_o, \varepsilon_q] = \rho_{oq}$。

5.5.2　变量说明

5.5.2.1　因变量

（1）成员资本参与因变量

本章所要计量分析的成员资本参与行为因变量，聚焦于成员入股股金占合作社总股金比例（简称：入股比重），因变量值的分布范围为 0%～100%；其中在 Tobit 模型中，本因变量的取值范围为 0～100[①]，在多变量 Probit 模型中，本因变量的取值范围为 0 和 1 两个值，其中没有入股的成员因变量赋值为 0，有入股的成员因变量赋值为 1。

---

　　① 由于很多成员没有入股合作社，并且很多成员的入股比重小于 1%，因此，如果仍然以 0.00～1.00 区间作为取值范围分析成员的资本参与行为的影响因素，将会导致因变量间的差异范围过小的问题，不利于后续计量分析，因此本书中对资本参与的取值是以 0.00～100.00 为范围，而实际上，本调研样本中单个成员的入股额度最高值没有突破合作社总股本的 20%（这个数值比例情况没有包括不在研究范围的合作社理事长入股额度）。

（2）成员业务参与因变量

本章所要计量分析的成员业务参与行为因变量是指成员的产品参与行为，具体而言，本因变量聚焦于成员把农产品交售给所参加合作社占成员农产品总销售量的比重（简称：农产品交售比重），因变量值的分布范围为 0%～100%；其中在 Tobit 模型中，本因变量的取值范围在 0～1 之间，在多变量 Probit 模型中，本因变量的取值范围为 0 和 1 两个值，其中把农产品交售给所参加合作社比例不足 25% 的因变量赋值为 0，交售给所参加合作社比例大于等于 25% 的赋值为 1。

（3）成员管理参与因变量

本章所要计量分析的成员管理参与行为因变量，则聚焦于成员参加成员大会次数占合作社成员大会总次数的比例情况（简称：参加成员大会比重），因变量值的分布范围为 0%～100%；其中在 Tobit 模型中，本因变量的取值范围在 0～1 之间，在多变量 Probit 模型中，本因变量的取值范围为 0 和 1 两个值，其中参加成员大会比例小于 50% 的因变量赋值为 0，参加成员大会比例大于等于 50% 的因变量赋值为 1。

综上，可以得出如表 5.4 所示的扮演所有者、惠顾者和管理者角色的成员参与行为因变量列表。

表 5.4　成员参与因变量情况

成员角色	因变量类别	具体变量	变量赋值	
所有者－投资者	成员资本参与	入股比重	Tobit 模型	0～100
			多变量 Probit 模型	0 或 1
惠顾者－使用者	成员业务参与	农产品交售比重	Tobit 模型	0～1
			多变量 Probit 模型	0 或 1
管理者－控制者	成员管理参与	参加成员大会比重	Tobit 模型	0～1
			多变量 Probit 模型	0 或 1

5.5.2.2　自变量

无论是使用 Tobit 模型还是多变量 Probit 模型进行分析，同一参与行为（比如资本参与）模型的自变量相同，下文基于不同的参与维度进行自变量陈述。

(1)成员资本参与模型自变量

① 个人参社特征。对于影响成员资本参与行为的自变量而言,本章所要重点关注的是成员的个人参社特征对成员资本参与行为的影响,包括考察成员"是否为创始成员"、"入社动机情况"和"社内任职情况"三个自变量。

关于"是否为创始成员"变量。西方发展规范的合作社中任何新成员加入合作社时一般都需要缴纳一定额度的股金,甚至为了确保旧有成员的利益,防止公共产权部分低价分享给新成员,新的成员入社时往往还会溢价购买合作社股金。对于中国当下的农民专业合作社而言,虽然也设定有股金额度,但合作社的股金在成立时就已确定,特别是那些核心成员的大股东身份已经确立。除非合作社发生重大的事件,比如核心大户退出合作社或者合作社引进了重大战略投资者,否则合作社的核心成员大股东身份很难被轻易改变。这就意味着,后续加入的新成员往往很难获得合作社的大额股金,更多时候仅能获得小额股金或者仅能获得象征性的资格股,无法获得股金分红权利。甚至在一些合作社中,新入社的成员无法拥有合作社的股金①。本章通过询问成员入社时的年份来获得成员的入社时间信息,并且通过比对其所在合作社的成立时间,据此判断该成员是否在合作社成立第一年就加入合作社,其中在合作社成立当年就入社的成员被视为合作社的创始成员,在变量编码时记为1,而在合作社成立第二年乃至以后才加入合作社的成员被视为非创始成员,在变量编码时记为0。在本章中假设此虚拟变量对合作社的成员资本参与行为有正向影响,即合作社创始成员可能拥有更大的入股股金,参与程度更高。

关于"入社动机情况"变量。本章尝试放入成员是否以服务导向型动机入社的虚拟变量,以考察成员的入社动机对其资本参与行为的影响,其中成员以服务导向型动机入社则赋值为1,否则赋值为0;由于上章发现规模生产大户更倾向于以服务导向型动机入社,为此本章假设此虚拟变量对合作社的成员资本参与行为有正向影响。

关于"社内任职情况"变量。成员在加入合作社后有些成员会被选入理、监事会,有些成员会被聘用在合作社的办公室、营销部、加工车间等工作,笔

---

① 当然也不排除有些新入社成员不愿意入股合作社的情况。

者认为这种社内任职情况的不同,会导致他们参与合作社行为的差异性。为此笔者尝试对不同的成员任职情况进行编码,其中:理事会成员编码为1,监事会成员及其他合作社聘用成员编码为2,普通成员编码为3。其中编码为1的成员在合作社中的职务位置最为核心。

② 合作社特征。成员的资本参与行为不但受到成员层面的因素影响,还较为明显地受到了合作社层面因素的影响。为此本章尝试通过引入"合作社成员人数规模"、"合作社成员生产规模差异性"、"合作社盈余成长性"和"合作社理事长持股比例"四个变量考察合作社特征对成员资本参与行为的影响。其中假设"合作社成员人数规模"、"合作社成员生产规模差异性"和"合作社理事长持股比例"与成员资本参与行为呈反比关系,而"合作社盈余成长性"变量与成员资本参与行为呈正比关系。即本书认为一个生产规模越大,成员生产规模差异越明显且理事长持股比例越高的合作社,其普通成员的持股比例越低;一个盈余情况良好,盈余额在增长的合作社则更有可能推进组织发展壮大,可能会吸收更多的成员入股或提高成员的入股额度。

③ 成员其他特征。这些特征包括成员的农业生产特征、人口统计学特征、风险偏好特征、产业与地区特征等方面的几个自变量,由于前一章已经详细讨论过,本章不再作重复论述,此处放入这些变量主要是作为控制变量使用。

(2)成员业务参与模型自变量

成员业务参与模型自变量与资本参与模型自变量多数相同,包括了个人参社特征、合作社特征和农业生产特征等方面的自变量,但是新加入了"成员资本参与行为"作为成员业务参与模型重点关注的自变量,同时"合作社理事长持股比例"变量不放入成员业务参与模型。

(3)成员管理参与模型自变量

成员管理参与模型自变量与业务参与模型自变量也基本相同,但是包括了成员参与行为特征方面的"资本参与行为"、"业务参与行为"两个自变量作为成员管理参与模型重点关注的自变量,同时"合作社理事长持股比例"也没有包含在管理参与行为模型中。

关于本章可能影响成员参与行为的所有自变量定义与赋值情况,见表5.5;关于本章成员参与三个行为模型的自变量均值和标准差情况,见表5.6。

表5.5 成员参与行为模型所使用的所有自变量定义与赋值

	变量名称	变量定义及赋值
参与行为特征	资本参与行为(X_1)	入股比重
	业务参与行为(X_2)	农产品交售比重
个人参社特征	是否为创始成员(X_3)	合作社成立时就加入合作社=1 合作社成立后才加入合作社=0
	入社动机情况(X_4)	服务导向型动机=1,非服务导向型动机=0
	社内任职情况(X_5)	理事会成员=1,监事会成员及其他工作人员=2,普通成员=3
农业生产特征	是否为规模生产大户(X_6)	规模生产农户=1,小农户=0
	是否有雇工生产(X_7)	有雇工生产农户=1,没有雇工生产农户=0
	是否有农业生产设施或设备(X_8)	有农业生产设施或设备农户=1, 没有农业生产设施或设备农户=0
	家庭农业净收入占家庭纯收入比重(X_9)	家庭农业净收入值/家庭纯收入值
人口统计学特征	年龄(X_{10})	户主年龄数
	受教育程度(X_{11})	户主受教育年数
	家庭成员总数(X_{12})	家庭成员总个数
风险偏好特征	风险偏好类型(X_{13})	户主爱冒风险程度:最高=1,非常高=2, 比较高=3,比较低=4,非常低=5,最低=6
合作社特征	合作社成员人数规模(X_{14})	ln(合作社成员总数)
	合作社理事长持股比例(X_{15})	理事长持股比例
	合作社成员生产规模差异性(X_{16})	$\ln\left[\dfrac{(最大规模成员-最小规模成员)}{(成员平均规模-最小规模成员)}\right]$
	合作社盈余成长性(X_{17})	合作社2008年末经营盈余/成立第一年末经营盈余
产业与地区特征	产业类型(X_{18})	种植类=0,养殖类=1
	地区类型(X_{19})	浙江、四川(以浙江为参照组)

表 5.6 成员参与行为模型所使用的所有自变量均值与标准差

模型变量		均值	标准差
参与行为特征	资本参与行为(X_1)	0.87	2.15
	业务参与行为(X_2)	0.57	0.35
个人参社特征	是否为创始成员(X_3)	0.74	0.44
	入社动机情况(X_4)	0.39	0.49
	社内任职情况(X_5)	2.65	0.68
农业生产特征	是否为规模生产大户(X_6)	0.29	0.46
	是否有雇工生产(X_7)	0.29	0.45
	是否有农业生产设施或设备(X_8)	0.46	0.50
	家庭农业净收入占家庭纯收入比重(X_9)	0.78	0.32
人口统计学特征	年龄(X_{10})	48.78	9.72
	受教育程度(X_{11})	7.06	3.35
	家庭成员总数(X_{12})	3.47	1.17
风险偏好特征	风险偏好类型(X_{13})	2.68	1.34
合作社特征	合作社成员人数规模(X_{14})	5.22	1.01
	合作社理事长持股比例(X_{15})	19.53	18.51
	合作社成员生产规模差异性(X_{16})	4.80	1.84
	合作社盈余成长性(X_{17})	9.61	27.95
产业与地区特征	产业类型(X_{18})	0.35	0.48
	地区类型(X_{19})	0.60	0.49

5.5.3 估计结果

首先,本章采用 Tobit 模型对成员资本参与、业务参与和管理参与的影响因素分别进行了分析,分析结果见表 5.7。

5.5.3.1 成员资本参与 Tobit 模型

从表 5.7 可以看出,是否为创始成员(X_3)、社内任职情况(X_5)、合作社成员人数规模(X_{14})、合作社理事长持股比例(X_{15})和合作社成员生产规模差异性(X_{16})变量对成员资本参与因变量有显著影响,其中是否创始成员对因变量有正向影响,社内任职情况、合作社成员人数规模、合作社理事长持股比例和合作社成员生产规模差异性对因变量有负向影响。

表 5.7　成员参与影响因素 Tobit 模型分析结果

模型自变量		资本参与模型	业务参与模型	管理参与模型
参与行为特征	资本参与行为(X_1)		0.020*(1.87)	0.022**(2.06)
	业务参与行为(X_2)			0.442***(6.95)
个人参社特征	是否为创始成员(X_3)	1.121**(2.56)	0.124**(2.41)	0.159***(3.05)
	入社动机情况(X_4)	0.622(1.62)	−0.087*(−1.76)	−0.070(−1.43)
	社内任职情况(X_5)	−0.743*** (−2.81)	0.041(1.18)	−0.072** (−2.06)
农业生产特征	是否为规模生产大户(X_6)	1.362***(3.23)	0.091*(1.68)	0.102*(1.89)
	是否有雇工生产(X_7)	0.77*(1.91)	−0.017(−0.31)	0.102*(1.92)
	是否有农业生产设施或设备(X_8)	0.980***(2.72)	0.043(0.95)	0.074*(1.66)
	家庭农业净收入占家庭纯收入比重(X_9)	0.209(0.35)	0.145**(1.97)	0.168**(2.27)
人口统计学特征	年龄(X_{10})	0.011(0.52)	0.003(1.18)	0.002(0.80)
	受教育程度(X_{11})	0.007(0.11)	0.005(0.60)	0.015*(1.92)
	家庭成员总数(X_{12})	−0.172(−1.10)	0.009(0.44)	0.004(0.22)
风险偏好特征	风险偏好类型(X_{13})	0.055(0.40)	−0.016(−0.92)	0.012(0.70)
合作社特征	合作社成员人数规模(X_{14})	−1.042*** (−5.31)	0.041* (1.83)	−0.053** (−2.32)
	合作社理事长持股比例(X_{15})	−0.022** (−2.08)		
	合作社成员生产规模差异性(X_{16})	−0.333** (−2.49)	0.011 (0.69)	−0.006 (−0.41)
	合作社盈余成长性(X_{17})	0.004(0.45)	0.002**(2.32)	0.001(1.29)
产业与地区特征	产业类型(X_{18})	0.714(1.58)	−0.066(−1.21)	−0.009(−0.17)
	地区类型(X_{19})	0.182(0.45)	0.035(0.70)	0.073(1.46)
Constant		6.250***(2.82)	−0.236(−0.83)	0.258(0.92)
Log likelihood		−489.697	−154.647	−155.487
Pseudo R^2		0.101	0.090	0.276
LR chi2		109.410	30.500	118.280
Prob > chi2		0.000	0.023	0.000
观察值		309	309	309

注：括号内为估计系数的 t 值；*、**和***分别表示在 0.1、0.05 和 0.01 水平下显著。

这说明创始成员相较后加入的成员在合作社中拥有更多的股金;并且相较普通成员,合作社的理、监事会成员等核心成员比普通成员拥有更多的股金。分析结果也说明如果合作社理事长持股比例越多,合作社成员人数规模越大,合作社成员生产规模差异性越大,则个体成员所拥有的股金就越少,这实际上意味着规模庞大的合作社会稀释个体成员的入股比例;并且理事长持股多的合作社更有可能意味着该合作社为理事长等少数人所控制,其他成员的入股比例会受到限制;成员生产规模差异性大的合作社也同样可能存在着合作社为理事长等少数人所控制的问题,进而限制了普通成员的入股比例。

在其他变量中,农业生产特征维度是否为规模生产大户(X_6)、是否有雇工生产(X_7)和是否有农业生产设施或设备(X_8)变量都呈现出了正向的显著性特征,这说明生产大户更加可能拥有更多的合作社股金。

5.5.3.2　成员业务参与 Tobit 模型

从表 5.7 可以看出,资本参与行为(X_1)、是否为创始成员(X_3)、入社动机情况(X_4)、合作社成员人数规模(X_{14})和合作社盈余成长性(X_{17})变量对成员业务参与因变量有显著影响,其中资本参与行为、是否为创始成员、合作社成员人数规模和合作社盈余成长性对因变量有正向影响,入社动机情况对因变量有负向影响。

这说明有更多股金的成员更加愿意与合作社进行业务参与,那些创始成员更愿意通过合作社销售产品;那些有着更好盈利情况的合作社以及成员规模更大的合作社更能吸引成员与之发生交易,也就是说此类大规模、有盈利的合作社更具有组织优势吸引成员惠顾。而入社动机情况对因变量的负向影响则说明,持销售导向型动机的成员更加愿意与合作社进行业务参与。

此外自变量是否为规模生产大户(X_6)和家庭农业净收入占家庭纯收入比重(X_9)对成员业务参与因变量的正向影响显著。这说明规模生产大户和家庭农业净收入占家庭纯收入比重高的农户更加愿意与合作社进行业务参与。但相较资本参与模型,在业务参与模型中大户成员对业务参与的正向影响要低很多,比如是否为规模生产大户(X_6)的显著性程度从 0.01 水平下降到了 0.1 水平,是否有雇工生产(X_7)和是否有农业生产设施或设备(X_8)变量都不显著。

5.5.3.3 成员管理参与 Tobit 模型

从表 5.7 可以看出，资本参与行为（X_1）、业务参与行为（X_2）、是否为创始成员（X_3）、社内任职情况（X_5）和合作社成员人数规模（X_{14}）自变量都对成员管理参与模型有显著的影响，其中资本参与行为、业务参与行为和是否为创始成员对成员管理参与模型有显著正向影响，而社内任职情况（X_5）和合作社成员人数规模（X_{14}）对因变量有显著负向影响。

这说明，成员入股越多，与合作社的业务参与量越大，就越可能参与合作社的管理事务，并且合作社的创始成员比后加入合作社的成员更加关心合作社的组织管理事务。此外，那些理、监事会成员等在合作社内有任职与就业的成员更加关心合作社的管理事务；而合作社成员规模的增大会降低成员管理参与的可能性，也有可能会降低普通成员、参与管理事务的积极性。因为随着成员规模的增大，成员大会上的议事规则与方式会发生变化，也许只有少数典型代表特别是合作社理、监事会成员能享受到发言的权利，而更多普通成员很难获得发言与异议的机会，因为可能时间不允许每个人都发言，也可能因为缺少无线话筒、音响等技术设备支持普通成员畅述己见。长此以往，有些成员也许会降低参加成员大会的积极性，或者虽然参加会议，但并不积极发言；演讲台更加为核心成员所霸占和主导。

另外，农业生产特征的四个变量即是否为规模生产大户（X_6）、是否有雇工生产（X_7）、是否有农业生产设施或设备（X_8）和家庭农业净收入占家庭纯收入比重（X_9）以及成员人口统计学特征的受教育程度（X_{11}）都呈现正向显著影响，说明生产大户和受教育程度高的农户更加愿意参与管理。

5.5.3.4 成员参与多变量 Probit 模型

正如前文所言，由于模型自变量中存在内生变量，而普通单个 Tobit 模型对内生变量控制存在一定的局限性，为此进一步通过多变量 Probit 模型对成员参与影响因素进行方程组联合估计，具体可见表 5.8。

首先需要指出的是，通过表 5.8 可以看到，三个模型的残差间相关系数 atrho 21、atrho 31 和 atrho 32 分别在 0.1、0.05 和 0.1 水平下显著，这说明成员参与的三个模型并不互相独立，因此有必要通过多变量 Probit 联合估计消除估计的偏差和不一致。

（1）资本参与模型

在资本参与模型中，从表 5.8 可以看出，是否为创始成员（X_3）、社内任职情况（X_5）、合作社成员人数规模（X_{14}）变量显著影响资本参与因变量，其中是否为创始成员正向影响因变量，其他两个变量负向影响因变量。而在其他变量中，农业生产特征维度是否为规模生产大户（X_6）、是否有雇工生产（X_7）和是否有农业生产设施或设备（X_8）变量都呈现出了正向的对因变量的显著影响，并且受教育程度变量也呈正向显著影响。

表 5.8　成员参与影响因素多变量 Probit 模型分析结果

模型自变量		资本参与模型	业务参与模型	管理参与模型
参与行为特征	资本参与行为（X_1）		0.728*(1.68)	1.562***(4.21)
	业务参与行为（X_2）			1.491***(4.37)
个人参社特征	是否为创始成员（X_3）	0.730***(3.48)	0.593***(2.87)	−0.089(−0.40)
	入社动机情况（X_4）	0.171(0.87)	−0.377*(−1.79)	−0.315(−1.41)
	社内任职情况（X_5）	−0.262*(−1.68)	0.056(0.38)	−0.322*(−1.88)
农业生产特征	是否为规模生产大户（X_6）	1.022***(4.33)	0.296(1.21)	−0.166(−0.64)
	是否有雇工生产（X_7）	0.451**(2.02)	−0.212(−0.91)	0.222(0.90)
	是否有农业生产设施或设备（X_8）	1.077***(5.81)	0.234(1.01)	−0.300(−1.32)
	家庭农业净收入占家庭纯收入比重（X_9）	0.485(1.56)	0.693**(2.38)	0.320(1.04)
人口统计学特征	年龄（X_{10}）	0.0033(0.33)	0.012(1.16)	0.002(0.20)
	受教育程度（X_{11}）	0.087***(2.76)	−0.011(−0.30)	0.009(0.26)
	家庭成员总数（X_{12}）	0.093(1.17)	0.063(0.76)	−0.064(−0.79)
风险偏好特征	风险偏好类型（X_{13}）	0.021(0.3)	0.040(0.57)	−0.075(−1.03)
合作社特征	合作社成员人数规模（X_{14}）	−0.431***(−4.72)	0.220**(2.05)	−0.244**(−2.27)
	合作社理事长持股比例（X_{15}）	−0.006(−1.19)		
	合作社成员生产规模差异性（X_{16}）	−0.040(−0.62)	−0.036(−0.59)	0.009(0.15)
	合作社盈余成长性（X_{17}）	0.003(0.90)	0.005(1.19)	0.004(1.03)

模型自变量		资本参与模型	业务参与模型	管理参与模型
产业与地区特征	产业类型(X_{18})	$-0.260(-1.12)$	$0.081(0.36)$	$-0.105(-0.46)$
	地区类型(X_{19})	$0.044(0.20)$	$0.058(0.28)$	$0.041(0.19)$
Constant		$0.564(0.50)$	$-2.572**$ (-2.14)	$1.149(0.91)$
Log likelihood		-381.225		
Wald chi2		273.350		
Prob > chi2		0.000		
atrho21		$0.387*(1.80)$		
atrho31		$-0.489**$ (-2.20)		
atrho32		$-0.414*(-1.81)$		
观察值		309	309	309

注：括号内为估计系数的 z 值；*、**和***分别表示在 0.1、0.05 和 0.01 水平下显著。

比较资本参与 Tobit 估计可以看出，模型的自变量系数正负向特征没有发生大的变化，只是在系数大小上有些差异。而在资本参与 Tobit 估计中呈现显著作用关系的自变量多数仍然在多变量 Probit 模型方程组的资本参与估计中显著，只是显著程度有所不同，不过合作社理事长持股比例和合作社成员生产规模差异性两变量变得不再显著，这可能说明这两个变量对成员是否入股并没有显著影响，但是对于成员入股比例大小却有显著作用。而受教育程度则由原来的不显著变得显著，这说明受更多教育的成员可能更加看好合作社愿意入股，只是入股程度的大小并不是他们的受教育程度所能决定的。

（2）业务参与模型

在业务参与模型中，从表 5.8 可以看出，资本参与行为(X_1)、是否为创始成员(X_3)和合作社成员人数规模(X_{14})自变量显著正向影响成员业务参与，入社动机情况(X_4)显著负向影响因变量。另外家庭农业净收入占家庭纯收入比重(X_9)显著正向影响因变量。

比较业务参与 Tobit 估计可以看出，在多变量 Probit 模型方程组的业务参与估计中,自变量的系数正负向特征保持稳定,只是在系数大小上有所变化;包括成员资本参与行为在内的多数自变量仍然保持显著作用。不过是否为规模生产大户变量变得不再显著,进一步印证生产规模并不是决定成员业务参与情况的关键因素;合作社盈余成长性变量变得不再显著可能说明合作社的盈利成长性并不是决定成员是否与合作社进行业务参与的关键因素。

(3)管理参与模型

在管理参与模型中,从表 5.8 可以看出,资本参与行为(X_1)、业务参与行为(X_2)、社内任职情况(X_5)和合作社成员人数规模(X_{14})自变量都对成员管理参与模型有显著的影响,其中资本参与行为和业务参与行为对成员管理参与模型有显著正向影响,而社内任职情况(X_5)和合作社成员人数规模(X_{14})对因变量有显著负向影响。

比较管理参与 Tobit 估计可以看出,在多变量 Probit 模型方程组的管理参与估计中,自变量的系数正负向特征也保持稳定,只是在系数大小上有所变化;并且资本参与行为、业务参与行为、社内任职情况和合作社成员人数规模自变量仍然保持了显著关系,只是是否为创始成员、农业生产特征的四个变量(是否为规模生产大户、是否有雇工生产、是否有农业生产设施或设备和家庭农业净收入占家庭纯收入比重)以及成员人口统计学特征(受教育程度)都变得不再显著作用于因变量,这说明有一些创始成员、生产大户和受教育程度高的农户管理参与程度不高。

综上,通过 Tobit 模型和多变量 Probit 模型分析结果的比较可以发现,两个模型虽然考察的因变量取值范围有所差异,但是本章所重点观察的成员参与行为特征、个人参社特征和合作社特征的自变量对因变量的作用效果比较一致,两个模型的自变量系数正负方向更是保持相当高程度的稳定,只是在系数大小上出现了变动,这说明本章的实证结果总体上比较稳健。

5.6 本章小结

本章首先提出了成员参与的构成维度,较为系统地阐述了成员的惠顾者角色与业务参与、所有者角色与资本参与以及管理者角色与管理参与,以及在中国情境下的参与特征演化情况;然后借助调研数据对成员的参与角色与参与行为现状进行了描述性统计检验,并分别以资本参与、业务参与和管理参与为因变量,借助 Tobit 模型和多变量 Probit 模型进行了计量分析,从而检验导致成员在多个维度上存在参与程度差异因素的显著性水平。

具体而言,第一,在成员资本参与情况的影响因素方面,是否为创始成员和社内任职情况等个人参社特征,合作社成员人数规模等合作社特征,以及是否为规模生产大户、是否有雇工生产和是否有农业生产设施或设备等农业生产特征变量都对因变量呈现出不同程度的显著影响。总体而言,在合作社内有任职的创始型生产大户可能拥有更多的合作社股金,并且合作社的成员规模越大,单个成员的持股比例可能越小;同时,相较那些理事长持股较少且成员间规模差异不大的合作社,在理事长持有较多股份且成员间规模差异较大的合作社中,普通成员拥有更少的股金。

第二,在成员业务参与情况的影响因素方面,参与行为特征维度的资本参与行为变量、个人参社特征维度是否为创始成员和入社动机情况变量,合作社特征维度的成员人数规模等自变量都会不同程度地显著影响成员业务参与,并且农业生产特征维度的家庭农业净收入占家庭纯收入比重变量也会显著影响因变量。总体而言,持销售导向型动机的拥有更多合作社股金的创始成员更加愿意与合作社进行业务参与,而生产规模并不是决定成员业务参与情况的关键因素。

第三,在成员管理参与情况的影响因素方面,参与行为特征的资本参与行为和业务参与行为变量、个人参社特征的社内任职情况变量以及合作社特征的成员人数规模变量都对成员管理参与模型有显著影响。总体而言,那些与合作社有着更多资本参与和业务参与行为的成员更加愿意进行管理参与(尤其是那些又在合作社内有任职的成员),也即在合作社有股金、与合作社有业务参与的成员能够更加积极地参与合作社管理事务;不过,随着合作社成员规模的扩大,单个成员的管理参与程度会出现下降,并且这种下降的原因来自多方面。

综上所述,对于政府部门而言,如果想要继续推动合作社规范发展,让全体成员普遍受益,就得考虑以下思路:

第一,想办法鼓励推动合作社向那些后加入的合作社成员开放认购股金,并且鼓励合作社向普通成员开放认购股金;为了避免新入社成员的搭便车行为,可以采取溢价认购的方式。同时,还得考虑限制合作社理事长等少数核心成员的持股比例,比如按照浙江省农民专业合作社条例,将单个成员的入股股金限制在20％及以下。也即政府部门总体上可以通过鼓励合作社成员人人持股,又规定持股比例上限的方式,使成员间的资本参与异质性不明显。

第二,想办法鼓励合作社推行符合法律要求的基于惠顾额和股金的返利,并且这种返利要对所有成员一视同仁,从而使成员更加愿意与合作社进行业务参与。

第三,鼓励成员进行管理参与,确保合作社的管理事务不由少数人说了算,确保合作社的民主控制与民主治理机制能够有效实现。要认识到成员管理参与的加强离不开其自身的资本和业务参与。此外,可以考虑通过建立成员代表以及构建成员代表大会的方式,消除随着合作社成员规模扩大而导致成员管理参与程度下降的问题。

基于学术研究的视角,本章提出了成员参与内涵与分析框架,并得出了一些有趣的结论,这些结论也较有实践意义。但受限于笔者的学术认知水准、样本结构和规模,这些研究结论还有待更多的实践检验,也肯定存在不少的研究缺陷需要进行完善。比如,在以后的研究中,可以考虑寻找比 Tobit 模型和多变量 Probit 联合估计更加完善和有效的方法检验成员参与的影响因素等。

6　成员参与行为与参与效果

上一章阐明了成员参与内涵,系统阐述了成员的参与行为、参与角色及其在中国的演化特点;然后基于 Tobit 模型和多变量 Probit 模型、借助调研数据对三个维度的成员参与行为进行了计量分析,检验了导致成员在多个维度上存在参与程度差异的因素。

本章进一步尝试解释成员资本、业务和管理参与行为的差异化属性特征,并进一步引入路径分析探求其对成员参与效果(包括成员收益和对合作社满意度)影响的作用机理,同时也尝试分析成员参与行为和成员收益情况对成员满意度的影响情况,以求解成员的积极参与是否会给其带来更高的经济收益和满意度。以往的研究中,有一些学者通过研究发现成员参与合作社事务能够增加他们经营的农场获得成功的机会(Mishra et al.,2004),但也有学者认为缺少足够的证据说明成员参与对成员收益的正面效果(Bhuyan,2009)。

本章结构安排如下:6.1 节提出问题,提出成员参与的不同属性特征及其对成员收益和成员满意度影响的假设;6.2 节对成员参与效果所包含的成员收益和成员满意度状况进行界定;6.3 节基于样本数据把成员的参与行为对成员参与效果(成员收益和成员满意度)的影响情况进行描述性分析;6.4 节以参与效果所包含的成员满意度和成员收益为主要因变量,借助路径分析模型,检验成员参与对成员收益与满意度影响的作用机理;6.5 节为章节小结。

6.1 问题的提出

正如前一章所言,成员参与行为包含了业务参与、资本参与和管理参与三个维度,成员分别扮演着惠顾者、所有者与管理者的角色。同时,成员的业务和资本参与对于合作社的发展固然非常重要,但如果仅限于此,合作社与其他商业组织并无多少差异。实际上,合作社与公司等其他类型企业组织的本质性差别正在于合作社成员的管理参与特征(Gray & Kraenzle,1998)。在合作社的成员参与行为中,实际上存在着差异化的特征维度。

首先,业务参与和资本参与可能使得成员能够获得不错的经济收益,但是如果普通成员的参与行为仅限于此,成员依托合作社所获得的经济收益将不会稳定,随时有可能被其他成员尤其是核心成员侵占。比如,合作社理、监事会核心成员有可能在没有普通成员管理参与的情况下转向为自我谋取更多私利,包括逐渐增持合作社股金,拥有更多股份比例;突破可分配盈余中按股份分红的最高限额,将合作社盈余的多数甚至全部基于股份比例进行分红等;这种情况对于尚处于合作社发展初期,合作社知识不普及,农民缺乏民主实践的中国而言更易发生。

其次,合作社成员参与成员(代表)大会、投票选举合作社理、监事会成员和决定合作社投资等重大事项的管理参与行为,是合作社区别于公司等其他类型企业组织的本质性特征,是确保成员能从合作社获得持续稳定合理收益的关键,也是成员业务参与和资本参与行为的制度保障。不过管理参与行为并不一定会给成员的经济收益带来直接的正面效果,或者可能并没有如资本参与和业务参与对成员经济收益增长的作用效果显著。对于中国当前的农民专业合作社成员而言,此类问题同样存在。中国不少农民专业合作社的成员更加看重直接的经济收益获得,他们并不太关心合作社的重大事项决策、盈余与分配状况和合作社的未来发展等(孙亚范,2010)。

因此,本章的核心构思就是要探寻成员的资本、业务和管理参与行为对成员收益和满意度等的影响情况及其作用机理。

6.2　成员参与效果及研究假设

在组织行为学领域中，学者们在研究组织公平感、员工心理契约等问题时常会选择包括员工满意度、工作（任务）绩效、组织公民行为等在内的主客观指标，作为组织效果变量指标（刘亚、龙立荣和李晔，2003；朱晓妹和王重鸣，2006）。本章在对合作社组织当中的成员参与效果的考量中也包括了主客观两个方面的指标。具体而言，本章当中将会选用的成员在参与合作社活动后的效果指标，既包括了经济层面可以客观货币化度量的收益，也包括了非经济层面无法用货币进行度量的成员主观效用与感受。

6.2.1　成员收益

成员在参加合作社的过程当中，会获得一定的收益，这种收益是成员参与行为的结果，包含了经济和非经济的维度（徐旭初，2005）。比如通过参加合作社，很多妇女自信心得以增强，人生观念、工作技能等得到提升，整体精神面貌开始积极转变，在家庭中的社会地位也得到提升；与邻里间的各种纠纷也得以减少，日常事务互相帮助的行为不断增多（苑鹏和曹海清，2001；陈洁，2008；潘劲，2008）。这些都是典型的非经济收益表现。但这些非经济效益很难通过合理的指标进行货币化的直接衡量。因此本章当中的成员收益只局限于成员的经济收益，也即可以通俗地理解为农民通过参与合作社给自己的农业生产经营带来的净收入，这与国家统计局所用的农村居民家庭纯收入概念、也即许多学者所用的农户（人均/家庭）纯收入概念有着明显不同（章奇、米建伟和黄季焜，2007；辛翔飞、秦富和王秀清，2008；周波和陈昭玖，2011）——农户（人均/家庭）纯收入理论上还包括了非农工资性收入、财产性收入、非农产业经营性收入等。

由于农民通过参与合作社组织给自己的农业生产经营带来的净收入在理论上不但包括了成员通过合作社销售的农产品的净收入[①]，还包括成员从

[①]　成员通过合作社销售的农产品的净收入＝该部分农产品销售收入－该部分农产品的生产成本－交易（销售）成本（比如运输费、通信费等）。

合作社获得的股金分红和基于惠顾额的返利收入[①]。因此,本章提出假设1:成员收益会受到其资本、业务与管理参与行为的积极影响,并且相较成员的管理参与行为,成员资本参与和业务参与会更为明显地影响到成员的经济收益。

6.2.2　成员满意度

在合作社领域中,成员在参与合作社事务的过程中,会逐渐形成对合作社的认知与评价,特别是对于合作社是否满足了自我的期望目标(功能)会形成自己的判断,形成成员满意度问题。不过与以往研究中一些学者将其作为合作社组织层面绩效指标进行研究(黄胜忠、林坚和徐旭初,2008;刘滨、陈池波和杜辉,2009)不同的是,本章将在成员层面维度考虑成员满意度变量。在以往的研究中,郭红东、袁路明和林迪(2009)对成员满意度的研究中已发现成员收入对成员的满意度有积极影响;也有一些文献在研究管理参与对满意度的影响(Kim,2002;Manna,2008)。具体而言,本章提出假设2:成员满意度情况既受到了从合作社当中获得的收益情况的影响,也受到了成员管理参与行为的影响,并且,成员的管理参与对成员满意度的影响要大于其对成员收益的影响。

6.3　描述性分析

为验证本章假设,笔者首先对成员参与行为和成员参与效果所包含的成员收益、成员满意度间的主要关系作描述性统计检验。本章实证分析所使用的数据依然来自课题组于2009年7月至2009年9月在浙江省和四川省所作的农民专业合作社及其成员等的调查,分析所用的成员样本总数共309个。

根据309个样本的数据可知,成员中从合作社所获净收益不足0.5千元

[①]　理论上这种净收入可能还包括成员通过合作社采购农资所获得的价格改进收益或者农资采购的返利金额,只是由于缺乏相应的调研数据,在本章中成员通过合作社所获得的净收益数据并不包含此项。

的有 47 人,所获净收益介于 0.5～5(千元)的有 42 人,所获净收益介于 5～10(千元)的有 54 人,所获净收益介于 10～25(千元)的有 92 人,而所获净收益在 25 千元及以上的有 74 人。成员从合作社所获净收益的均值为 1.41 万。可以看出,样本成员总体上通过参与合作社获得了相当不错的经济收益。与此同时,通过 309 个样本的数据也可知,在里克特 7 点量表类型的成员期望目标满足程度计分题项中,成员的平均打分为 4.92 分,高于 4 分的中间分值,也说明成员对合作社的满意度并不低。

下文将从成员参与行为与成员收益、成员收益与成员满意度以及成员参与行为与成员满意度情况三个视角分别进行交叉性描述分析。

6.3.1 成员参与行为与成员收益情况

6.3.1.1 成员资本参与与成员收益

如表 6.1 所示,从合作社所获净收益低于 0.5 千元的成员绝大多数都没有持有合作社股份(共 51 人,占所有所获净收益低于 0.5 千元成员的 98.1%),在从合作社所获净收益介于 0.5～5(千元)、5～10(千元)和 10～25(千元)的三个分布区间中,没有持有合作社股份的成员仍然在"成员资本参与分布"的五个等级中占有最高绝对数,但是其在三个成员净收益分布区间中所占比例呈现出不断下降的趋势,分别占到了 45.5%(成员所获净收益介于 0.5～5(千元))、40.4%(成员所获净收益介于 5～10(千元))和 30.3%(成员所获净收益介于 10～25(千元)),且都没有一个所占比例过半。在"成员从所获净收益高于 25 千元"的收益分布区间中,在"成员资本参与分布"中占有最高绝对人数的区间变成了所占"股金比例不足 0.50%"(占该区间 38.8%),且成员所占股金比例在 1.00% 及以上的人数增长到了该收益区间的 34.3%(合计 23 人)。由此可以看出,成员资本参与增长和成员从合作社所获净收益增长呈成比。

表 6.1　成员资本参与与成员收益的分布情况　　　　单位:%

成员资本参与	成员收益(千元)				
	<0.5	0.5~5	5~10	10~25	≥25
股金比例为 0%	98.1	45.5	40.4	30.3	11.9
0~0.50*	1.9	29.5	22.8	25.8	38.8
0.50~1.00	0.0	13.6	15.8	21.3	14.9
1.00~2.50	0.0	4.5	15.8	12.4	17.9
≥2.50	0.0	6.8	5.3	10.1	16.4

资料来源:根据样本成员数据整理所得。 * 区间取值为[··),全书表格统一。

6.3.1.2　成员业务参与与成员收益

如表 6.2 所示,从合作社所获净收益低于 0.5 千元的成员中过半数的成员(占 51.9%)没有与合作社产生业务参与。在从合作社所获净收益介于 0.5~5(千元)、5~10(千元)和 10~25(千元)的三个分布区间中,没有与合作社产生业务参与的成员越来越少,甚至变为 0 值,而所有产品都通过合作社进行销售的成员比例不断增长,分别占到了 18.2%(成员所获净收益介于 0.5~5(千元))、26.3%(成员所获净收益介于 5~10(千元))和 32.6%(成员所获净收益介于 10~25(千元))。不过在"成员从所获净收益高于 25 千元"的收益分布区间中,"成员业务参与分布"最高占比范围为"销售比例为 33.34%~66.66%"(占该区间 34.3%),这也从侧面支持了第 5 章中的观点,即那些生产经营大户在不同程度上拥有着自己的独立销售渠道,他们可以不用完全依赖合作社进行产品交易,不过在这些从合作社所获收益高于 25 千元的成员中,仍然有过半的成员将多数的农产品通过合作社进行销售。由此可以看出,成员业务参与增长和成员从合作社所获净收益增长呈正比。

表 6.2　成员业务参与与成员收益的分布情况　　　　单位：%

成员业务参与	成员收益（千元）				
	<0.5	0.5～5	5～10	10～25	≥25
销售比例为 0%	51.9	9.1	1.8	0.0	0.0
0～33.33	21.2	36.4	19.3	18.0	13.4
33.33～66.66	17.3	25.0	22.8	16.9	34.3
66.66～100	7.7	11.4	29.8	32.6	23.9
100	1.9	18.2	26.3	32.6	28.4

资料来源：根据样本成员数据整理所得。

6.3.1.3　成员管理参与与成员收益

如表 6.3 所示，从合作社所获净收益低于 0.5 千元的成员中有半数的成员（占 50.0%）没有参加过成员大会，而随着成员从合作社所获净收益的持续增长，成员参加成员大会的比例在不断增长，特别是那些参加了合作社 2008 年全部成员大会的人数比例分别占到了 47.7%（成员所获净收益介于 0.5～5（千元））、50.9%（成员所获净收益介于 5～10（千元））、60.7%（成员所获净收益介于 10～25（千元））和 68.7%（成员所获净收益高于 25 千元）。由此也可以看出，成员管理参与增长和成员从合作社所获净收益增长呈正比。

表 6.3　成员管理参与与成员收益的分布情况　　　　单位：%

成员管理参与	成员收益（千元）				
	<0.5	0.5～5	5～10	10～25	≥25
参会比例为 0%	50.0	11.4	15.8	4.5	1.5
0～33.33	17.3	11.4	8.8	14.6	6.0
33.33～66.66	5.8	9.1	14.0	13.5	16.4
66.66～100	5.8	20.5	10.5	6.7	7.5
100	21.2	47.7	50.9	60.7	68.7

资料来源：根据样本成员数据整理所得。

6.3.2　成员收益与成员满意度情况

如表 6.4 所示，在成员对加入合作社后是否满足期望目标的 7 点量表打分中,在分值介于 1～2 之间的低分段区间中,多数样本是属于从合作社所获净收益低于 0.5 千元的成员。在 3～5 分的中间区段中,过半的成员属于从合作社所获净收益低于 10 千元的样本,从合作社所获净收益低于 0.5 千元的成员样本数总体呈现出下降的态势。在 6～7 分的高分区间段中,过半的成员样本从合作社所获净收益要等于或高于 10 千元。这说明成员从合作社所获净收益越高,他们就越倾向于认同合作社满足了自己的期望目标。

表 6.4　成员收益和成员满意度的分布情况　　　　　　　单位:%

成员收益（千元）	成员满意度						
	完全没有满足		中等			完全满足	
	1	2	3	4	5	6	7
<0.5	100	60.0	21.7	24.4	11.9	1.3	5.6
0.5～5	0	20.0	13.0	13.3	19.8	14.3	2.8
5～10	0	20.0	30.4	8.9	23.8	18.2	13.9
10～25	0	0	26.1	35.6	22.8	41.6	33.3
≥25	0	0	8.7	17.8	21.8	24.7	44.4

资料来源:根据样本成员数据整理所得。

6.3.3　成员管理参与与成员满意度情况

如表 6.5 所示,在成员对加入合作社后是否满足期望目标的 7 点量表打分中,分值介于 1～2 之间的低分段区间中,有过半的样本属于从来没有参加过成员大会的成员。在 3～5 分的中间区段中,越来越多的成员参加过成员大会,并且参加过所有成员大会的成员数开始呈现过半的态势。在 6～7 分的高分区间段中,更是有超过 2/3 的成员参加了超过 6 成的成员大会。这说明成员通过参与合作社的管理事务,有助于其越倾向于认同合作社满足了自己的期望目标。

表 6.5　成员管理参与与成员满意度的分布情况　　　　　单位:%

成员收益	成员满意度						
	完全没有满足		中等			完全满足	
	1	2	3	4	5	6	7
参会比例为 0%	58.3	80.0	21.7	13.3	9.9	3.9	5.6
0%～33.33%	25.0	13.3	17.4	13.3	15.8	5.2	2.8
33.33%～66.66%	0	6.7	13.0	11.1	12.9	11.7	19.4
66.66%～100%	16.7	0	4.3	8.9	8.9	11.7	11.1
100	0	0	43.5	53.3	52.5	67.5	61.1

资料来源:根据样本成员数据整理所得。

6.4　路径分析

以上的交叉分析虽然部分反映了变量之间的相关关系,但仍需要进一步引入计量分析,以检验变量间关系的统计学意义。

第 5 章指出了成员资本、业务和管理参与之间存在的相关关系,第 5 章也已经通过模型检验了它们之间关系的显著性。如果要进一步通过计量模型检验它们三者对成员收益和成员满意度影响的复杂作用关系,普通的单方程模型会因为一些自变量存在内生性而具有明显局限,多变量 Probit 模型方程组虽然是解决自变量内生性的一种途径,但是由于其将成员参与变量降低为0—1 二分变量,降低了数据的等级和信息含量,存在处理缺陷。

根据理论界以往的研究经验,运用结构方程模型方法(structural equation modeling,SEM)分析多个变量间的作用机理是比较合适的方法[①],因为结构方程模型方法具有允许同时处理多个内生变量,允许变量存在测量误差,允许变量由多个观察指标变项构成(即允许变量为无法直接度量的潜变量),允许采用更有弹性的测量模型,允许设计复杂的变量关系模型等优点(侯杰泰和成子娟,1999;陈明亮,2004;林嵩和姜彦福,2006)。

实际上,自 20 世纪 70 年代起,结构方程模型的方法和软件就得到了快速

①　对于本章而言,也即分析成员参与行为对成员收益和成员满意度影响的作用机理。

发展(MacCallum & Austin，2000)，其在心理学、管理学等领域得到了较好的应用(Feldt，2004；Iacobucci，2010；刘亚、龙立荣和李晔，2003；张钢和熊立，2009；戴维奇和魏江，2010)。

本章所要应用的模型正是结构方程模型里的重要一块内容——路径分析。路径分析由一组可观测变量间的线性系统方程组的因果关系式组合而成，其主要目的是为检验变量之间是否具有因果关系，以及变量间的直接和间接作用的关系图，路径分析的特殊性在于它只有观测变量而无潜在变量(林震岩，2007)。

6.4.1　分析模型

根据前文所提的本章核心假设，本章提出如图 6.1 所示的变量间路径分析假设模型。

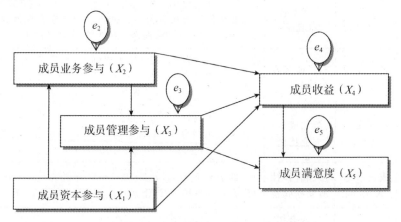

图 6.1　五个变量的路径分析假设模型

该模型可以用以下四组线性方程式表示：

$$
\left.
\begin{aligned}
X_2 &= P_{20} + P_{21}X_1 + e_2 \\
X_3 &= P_{30} + P_{31}X_1 + P_{32}X_2 + e_3 \\
X_4 &= P_{40} + P_{41}X_1 + P_{42}X_2 + P_{43}X_3 + e_4 \\
X_5 &= P_{50} + P_{53}X_3 + P_{54}X_4 + e_5
\end{aligned}
\right\}
\tag{6.1}
$$

其中，X_i 代表变量，它在上面的方程组中既有可能作为自变量，也有可能作为因变量。P_{mn} 代表路径系数，为了区别不同路径系数，一般用该路径的因变量下标作为路径系数的第一个下标，用该路径的自变量下标作为路径系数的第二个下标(林震岩，2007)。另外 e_i 表示方程的残差项。

本研究采用 SPSS 14.0 软件对样本进行描述性统计和相关性分析，通过结构方程建模软件 AMOS 6.0 对提出的假设模型进行路径分析检验，以检验假设是否得到实证数据的支持。

6.4.2　变量说明

为验证路径分析假设，依照前文交叉描述统计分析部分所划分的标准，为验证路径分析假设，本书将 309 个成员样本数据的成员资本、业务、管理参与行为、成员收益、成员满意度变量编制为多分类有序变量，具体见表 6.6。

表 6.6　路径分析模型所使用的变量定义与赋值

变量名称		变量定义	变量赋值
参与行为特征	资本参与行为(X_1)	入股合作社比例	1＝股金比例为 0，　2＝股金比例为 0.01％～0.50％，3＝股金比例为 0.50％～1.00％，　4＝股金比例为 1.00％～2.50％，　5＝股金比例为 2.50％及以上
	业务参与行为(X_2)	农产品交售合作社比例	1＝销售比例为 0，　2＝销售比例为 0.1％～33.33％，3＝销售比例为 33.33％～66.66％，　4＝销售比例为 66.66％～100％，5＝销售比例为 100％
	管理参与行为(X_3)	参加成员大会比例	1＝参会比例为 0，　2＝参会比例为 0％～33.33％，3＝参会比例为 33.33％～66.66％，　4＝参会比例为 66.66％～100％，5＝参会比例为 100％
成员参与效果	成员收益(X_4)	参加合作社所获净收益	1＝低于 0.5 千元，　2＝0.5～5(千元)，　3＝5～10(千元)　4＝10～25(千元)，　5＝等于高于 25 千元
	成员满意度(X_5)	加入合作社后是否满足期望目标	1＝完全没有满足，　2,3,4＝中等满足，5,6,7＝完全满足

6.4.3　估计结果

6.4.3.1　描述性统计与相关性分析

由于路径分析里的五个变量均是观察变量，并无潜在变量——此种关系其实是每个潜在变量均只有一个测量指标变量，所有测量指标变量都百分之百地反映其潜在变量，其测量误差全部为 0，所有因素负荷量 λ 均为 1(吴明隆，2010)，因此，本章不需要对各变量进行验证性因子分析。进一步地，本章对变量进行了均值和标准差以及变量相关关系的分析。

需要特别说明的是,根据笔者以往的研究经验,"成员资本参与"、"成员业务参与"虽然可能会对"成员满意度"有影响,但估计影响不会太明显,通过表6.7可以看出,各变量间均存在显著的正相关关系,但是成员业务参与、成员资本参与和成员对合作社满意度间的相关系数均小于0.3,属于弱的正相关关系。根据以往经验,对于社会调查方面的研究资料,有些相关虽达到显著水平,但如果相关系数太低,且理论上缺少解释价值,则这种相关意义不大,在心理学中学者也普遍认为,相关系数不仅要达到显著水平,而且最好达到0.30以上(凌文辁,张治灿和方俐洛,2001)。

表6.7 变量描述性统计及相关系数矩阵

	均值	标准差	对合作社满意度	成员收益	管理参与	业务参与	资本参与
对合作社满意度	4.89	1.487	(1)				
成员收益	3.24	1.385	0.480***	(1)			
管理参与	3.73	1.534	0.433***	0.392***	(1)		
业务参与	3.28	1.306	0.284***	0.468***	0.378***	(1)	
资本参与	2.20	1.313	0.298***	0.441***	0.557***	0.365***	(1)

注:***表示在0.01水平下显著,相关系数矩阵对角线上的括号内报告的是Cronbach's α 系数,本章中所有因素负荷量值均为1。

另外,如果在图6.1中加入"成员资本参与"、"成员业务参与"对"成员满意度"的影响路径,那么此模型就成了饱和模型,这就意味着不管路径系数是否达到显著,整体模型的拟合卡方值、自由度均等于0.000,显著性的概率值也将无法估计,GFI、NFI值等均将等于1.000。此时探究假设的因果模型与实际数据间是否匹配将变得没有意义,因此,更为合理的方法是删除饱和路径模型中系数未达显著程度的路径(吴明隆,2010)。本章通过先期的路径分析模型拟合也发现"成员资本参与"、"成员业务参与"对"成员满意度"影响路径系数的 P 值分别为0.491和0.879,连0.1的显著性水准都没有达到。笔者更加坚定了在前期的路径分析理论模型和后续的模型验证中删去这两条影响路径。不过需要指出的是,这两者都会通过成员收益变量间接影响成员满意度。

此外,从表6.7中也可以看出,成员管理参与、成员业务参与和成员资本参与间的相关系数并不小,但是正如第5章中所言,在短期内成员的管理参与很难反作用于成员的资本和业务参与,成员的业务参与也很难反作用于成员的资本参与。因此,本章并不将成员管理参与、成员业务参与和成员资本参与视为互相影响与作用的外生变量。如果真的将它们视为外生变量进行不饱和状态下的路径分析模型拟合,实证结果发现成员收益和成员满意度的变异量被解释比例和本章中的后续实证结果保持一致,只是成员参与行为间的路径不再是图6.1中的模式,它们之间的影响关系值也将变为表6.7中的相关系数值。因此本章当中对此种路径分析模型将不进行具体阐述。

6.4.3.2 路径分析结果

本章进一步对变量进行了路径分析,此处首先报告路径分析模型的拟合指标与其相应数值。其中,卡方值为0.482,显著性概率值为0.786,未达0.05显著水平,因此接受虚无假设,表示验证模型与假设模型可以拟合。其他拟合度指标为卡方自由度比值(CMIN/DF)=0.241(<2.000),RMSEA=0.000(<0.050),GFI=0.999(>0.900),AGFI=0.995(>0.900),另外NFI、RFI、IFI、TLI和CFI值也都大于0.900。因此,各项拟合指标均达到可接受水平,说明假设模型可以和样本数据进行拟合,整体模型的拟合度情况良好,假设模型成立。[①]

其次,从报告成员参与、成员收益与成员满意度的路径分析结果可以看出(见图6.2):

各路径系数总体上都呈现出0.01水平下的显著,只有成员管理参与对成员收益的作用路径系数是在0.05水平下显著;标准化的路径系数多数位于0.2~0.4之间,但成员资本参与对成员管理参与的路径系数高于0.4,达到了0.484,成员管理参与对成员收益的作用路径低于0.2,仅为0.129。

---

① 模型的拟合指标参考了吴明隆(2010)、颜士梅和王重鸣(2005)以及王端旭和洪雁(2011)提出的标准。

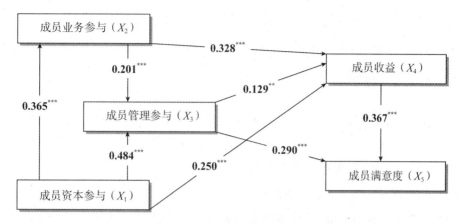

图 6.2　成员参与、成员收益与成员满意度的路径分析结果

注：＊＊＊、＊＊分别表示在 0.01、0.05 水平下显著。

再次，对路径分析模型各变量的直接效果和间接效果进行分解，可以得到表 6.8 的结果。

表 6.8　路径分析模型各变量效果值分解表

	直接效果	间接效果	总效果值
资本参与→业务参与	0.365	0	0.365
资本参与→管理参与	0.484	0.073	0.557
资本参与→成员收益	0.250	0.191	0.441
资本参与→成员满意度	0	0.323	0.323
业务参与→管理参与	0.20	0	0.201
业务参与→成员收益	0.328	0.026	0.354
业务参与→成员满意度	0	0.188	0.188
管理参与→成员收益	0.129	0	0.129
管理参与→成员满意度	0.290	0.047	0.337
成员收益→成员满意度	0.367	0	0.367

通过路径分析模型各变量效果值，可以求解出路径分析模型的多元相关系数的平方分别为成员业务参与等于 0.133，成员管理参与等于 0.345，成员收益等于 0.314，成员满意度等于 0.301，分别说明成员业务参与能够被其自变量（成员资本参与）解释 13.3％，成员管理参与能够被其自变量（成员资本参与和业务参与）解释 34.5％，成员收益能够被其自变量（成员管理参与、成

员资本参与和业务参与)解释 31.4%,成员满意度能够被其自变量(成员收益、成员管理参与、成员资本参与和业务参与)解释 30.1%。

6.4.4 结果讨论

第一,成员管理参与行为对成员收益的影响要弱于成员资本参与和成员业务参与。从表 6.8 可以看出,成员收益受到成员资本参与影响的总效果值为 0.441,成员收益受到成员业务参与影响的总效果值为 0.354,而成员收益受到成员管理参与影响的总效果值仅为 0.129。并且成员管理参与行为对成员收益的影响系数仅在 0.05 水平上显著,而成员业务参与行为和成员资本参与行为对成员收益的影响系数则在 0.01 水平上显著。

这说明作为成员管理参与对成员从合作社所获得的净收益的影响要弱于成员资本参与和业务参与。也即成员从合作社获得净收益的多少更加明显地取决于成员资本参与和成员业务参与而不是成员管理参与行为。这意味着如果要想更为直接地从合作社获得更高收益,成员需要更加强化的是自己与合作社的农产品惠顾额,以及在合作社中投入更多股份。

第二,成员管理参与行为对成员满意度的影响要强于其对成员收益的影响。从表 6.8 也可以看出,成员管理参与行为对成员收益的总效果值为 0.129,而成员管理参与对成员满意度的总效果值为 0.337,并且成员管理参与行为对成员收益的影响系数仅在 0.05 水平上显著,而成员管理参与行为对成员满意度的影响系数则在 0.01 水平上显著。

这说明,成员管理参与对成员从合作社所获得的净收益的影响要弱于其对成员满意度的影响。也即相较于对成员收益的影响,成员管理参与对成员满意度的影响更大、更显著。这意味着成员管理参与行为所带给成员的更多属于非经济收益。

第三,成员管理参与对成员满意度的影响要稍高于成员收益对满意度的影响。从表 6.8 也可以看出,成员管理参与行为对成员满意度影响的直接效果值为 0.290,要弱于成员收益对成员满意度影响的直接效果值 0.367;但是如果将成员管理参与通过成员收益影响成员满意度的间接效果值加总到成员管理参与行为,并且将此间接效果值从成员收益对成员满意度影响效果值里面剥离出去,则会发现,成员管理参与对成员满意度的总效果值增大到

0.337,而成员收益对成员满意度影响的总效果值会下降到 0.320,要低于成员管理参与对成员满意度的影响,只是此种差距并不十分明显。

这说明除了经济收益会对成员满意度带来正面影响外,成员在合作社管理参与过程中所享受到的"当家做主"感觉也很重要。这意味着要想满足成员对于合作社的目标期望,不要仅局限于使成员获得经济收益。

第四,成员管理参与更多受到成员资本参与行为的影响。从表 6.8 也可以看出,成员业务参与行为对成员管理参与的总效果值为 0.201,要弱于成员资本参与行为对成员管理参与行为的总效果值 0.557。

这说明相较成员业务参与行为,成员的资本参与行为是更为明显地决定成员是否参加成员大会的因素。相较成员与合作社的农产品惠顾额,成员持股比例越多就越能驱使成员参加成员大会。如果联系第 5 章成员在与合作社进行交易后能从合作社获得基于惠顾额的返利人数仅有 85 人(占样本总数的27.5%)的情况,可以明了成员与合作社的业务参与更多地体现了市场的买卖关系特征,虽然也有 113 名样本成员(占样本总数的 36.6%)能通过与合作社的交易获得直接的价格改进,但此种价格改进属于即时行为,并不需要一定时间后再行结算。那些入了股的成员要想定期从合作社获得股金分红,就得持续关心合作社的经营状况和盈利水平。因此也就不难理解相较成员的业务参与,成员的资本参与行为对成员的管理参与有更大的影响。

第五,成员业务参与行为除了受到成员资本参与行为的影响,还有其他因素在发生重要作用。从表 6.8 可以看出,成员资本参与对成员业务参与影响的总效果值为 0.365,虽然在 0.01 水平下显著,但是通过路径分析模型各变量效果值,可以看到成员业务参与仅能够被成员资本参与变量解释 13.3%的变异量。这说明还有其他重要因素决定着成员是否与合作社进行产品交易。根据学者以往的研究,不同市场主体的农产品收购价格以及成员与不同市场主体交易时的交易成本大小等都会显著影响成员的销售行为与交易对象选择(生秀东,2007;黄祖辉、张静和 K. Chen,,2008;蔡荣,2011)。

6.4.5　研究启示

第一,鼓励成员进行资本、业务和管理维度的多方位全面参与。成员资本参与和成员业务参与能够带给成员直接的经济收益,但成员的此种经济收益保障特别是在资本收益上的保障更加需要成员管理参与行为的配合。也即成员的资本参与、业务参与行为和管理参与行为之间实际上是相辅相成的，没有管理参与行为的保障，合作社的剩余利润就有可能为少数核心能人通过他们所控制的成员大会、理、监事会决议进行合法瓜分，而这些被瓜分的剩余利润中往往有相当部分来自于普通成员的贡献，其本来应该按照法律规定和章程约定公平分给全体成员。

第二，特别重视和培养成员的管理参与行为。成员管理参与行为的作用不单在于它能确保成员的经济收益，还在于它能够更为明显地带给成员非经济的收益。正如徐旭初（2005）所言，合作社是一所学校，是一所在非工业、非城市环境下促进农民成员现代性的学校，农民将从中学会合作、民主、营销和科技，进而走向市场、走向现代化、走向公民社会。所有这一切的着力点在于成员的管理参与行为，它也正是合作社组织有别于普通企业的制度内核所在。实际上，成员的管理参与行为不止于参与成员大会比例，还包括了在第 5 章中有所提及的成员对合作社的各种意见建议，成员对于合作社重大事项的投票等，甚至于还包括了成员在对合作社忍无可忍之后的用脚投票行为——退出合作社。

第三，正视成员的非经济期望与需求。成员对合作社的目标期望不仅仅是直接的经济收益，他们还希望合作社能够带给他们更多的非经济收益。合作社在发展过程中必须高度重视农民对于经济收益的迫切需求，也必须正视农民的其他非经济需求，特别是民主管理需求。如果合作社过于排斥普通成员的管理参与要求，实行少数人寡头垄断与控制，就有可能使普通成员对合作社的满意度降低，进而可能会选择不与合作社进行产品交易、甚至退出合作社等。这些都将不利于合作社的持续健康发展。

第四，鼓励成员人人入股，并对成员进行最高入股比例限制。通过此种做法可以使成员为获得稳定和更多的股份分红而更加关心合作社事务，更加愿意与合作社进行产品交易。使得普通成员在合作社当中也能保持足够的活跃度，避免合作社沦落为少数核心能人所控制的名义合作社。

第五，重视通过多渠道、多方法吸引成员愿意与合作社发生业务参与。除了前面提到的要求成员人人入股，合作社要考虑通过采取订单方法，帮助联系客商，帮助进行产品运输等使得成员认识到与合作社进行交易的成本最低;合作社也要考虑通过设置产品加工、包装线等方法提高产品的附加值,使成员能够认识到通过与合作社进行交易能够获得更高的利润和收益。

6.5　本章小结

本章首先阐释了成员资本、业务和管理参与行为的差异化属性特征,界定了成员参与效果包含的成员收益和成员满意度内涵,然后通过引入路径分析方法检验了其对成员收益、成员满意度的影响及其作用机理,309 个样本数据的实证分析结果支持了理论假设,成员的积极参与能够带给其成员更高的经济收益和满意度;相较成员的管理参与行为,成员的资本参与和业务参与更显著地影响到了成员的经济收益;成员的管理参与对成员满意度的影响要高于其对成员收益的影响等。因此要鼓励成员进行资本、业务和管理维度的全面参与,鼓励成员人人入股,对成员进行最高入股比例限制,重视通过多渠道、多方法吸引成员与合作社发生业务参与,特别重视和培养成员的管理参与行为,正视成员的非经济期望与需求等。

本章也存在一些研究局限,比如样本数据属于截面数据,成员参与行为在较长时间内属于互相影响的变量,309 个样本量也显得不够大,另外受限于笔者的理论视野和样本数据结构,成员管理参与和成员满意度等指标的选取或许还不够科学、合理。这些都有待于在以后的研究中补充完善。

7　成员参与与合作社结构

上一章指出了成员资本、业务和管理参与行为的差异化属性特征，并通过路径分析方法，检验了成员参与行为对成员收益和成员满意度的影响情况，厘清了其作用机理。研究结果支持了成员的积极参与会给成员带来更高的经济收益和满意度等假设。

从本章开始，我们对成员参与问题的关注和研究维度将从成员个体层面转移到合作社组织层面，研究成员的参与行为对合作社股权结构、惠顾结构、治理结构和合作社绩效的影响。其中，第7章将重点研究成员参与行为对合作社股权结构、惠顾结构和治理结构的影响，而第8章主要研究成员参与行为对合作社绩效的影响。

本章结构安排如下：7.1节提出问题，说明成员参与对合作社组织层面的重要性；7.2节分别围绕产权、惠顾和治理等主题，探讨成员参与下的合作社组织结构特征，并提出相应的研究假设；7.3节利用样本合作社数据，对研究假设进行描述性统计分析；7.4节对统计分析结果进行进一步讨论；7.5节为本章小结。

7.1　问题的提出

在过去的几十年里，不少学者分别将合作社视为企业、联盟和契约集进行了深入研究（Helmberger & Hoos,1964；Sexton, 1990；Zusman,1992；Hendrikse & Veerman,2001）。郭红东和钱崔红（2005）在综述了西方合作社研究者近几十年的相关文献后认为,新制度经济学的理论被大量应用于对合作社问题的研究,发现把合作社作为联盟或契约观点的理论在近些年有了较大的进展。不过也有学者倾向于认为合作社组织混合了市场和等级制的特性,因此应该被视为有别于市场和等级制的混合契约架构(Chaddad,2009)。

对于中国当前的农民专业合作社而言,其主要成员来自于基于家庭联产承包责任制的农民,虽然已有一些成员尤其是核心成员开始尝试共同投建生产基地,使得他们之间存在更为紧密的产权、管理和收益分配行为,可能产生更为一致的集体行动,但是对于大部分合作社而言,成员在总体上保持了相对独立的生产经营行为,只是部分环节特别是销售环节依赖于合作社的服务。因此,中国的农民专业合作社与农民成员之间的关系具有鲜明的"生产在户、服务在社"的特征。这就使得中国合作社的组织契约特征,既不属于依托价格机制的市场契约,也不属于依托权威机制的完全一体化的企业契约,因此笔者倾向于认为中国的农民专业合作社组织具有明显的混合契约特征。

正如前面几章所述,合作社组织作为人们自愿联合、共同拥有和民主控制的特殊企业,正是成员的资本、业务和管理参与使得合作社有了生命力,有了经营内容、有了可分配盈余,也才有了可持续发展的可能。作为一种混合契约,合作社偏向准市场的契约结构还是偏向准一体化的企业契约结构,其关键在于成员参与的程度。

具体而言,假设在一个拥有 100 个成员的营销合作社中(该合作社不提供生产资料购买服务):(1)每人持股比例相同;(2)每人的产量相等且将自己的全部农产品交售给合作社;(3)每人都参加合作社的成员大会,且都参与了合作社重大事项的投票等;(4)合作社按照股份和交易额返还的比例相等。那么此时的成员每年从合作社获得的返利情况将会等同,合作社将几乎等同于标准的企业契约,全体成员在资本、业务和管理参与三个维度都非常积极,参与均齐性高。因此,成员民主控制下的合作社完全可以依靠自己的权威性调动成员开展生产经营活动。

再假设另一种情形。如果在这个拥有 100 个成员的合作社中:(1)只有一名成员(假设是理事长,下同)入股合作社;(2)每人的产量相等,但只有一名成员保证将自己的全部农产品交售给合作社,其他成员的交售比例取决于合作社提供的产品收购价格是否高于市场价;(3)每人都参加合作社的成员大会,但理事长拥有对合作社重大事项的最终决定权等;(4)合作社只按照股份进行利润返还。这就意味着合作社的盈余返利将为理事长一人独享。此时合作社几乎成为了标准化的市场契约,全体成员在资本、业务和管理参与三个维度都极低,毫无均齐性可言,合作社的经营活动主要依托于价格机制发挥作用,此时的组织实际上已不是合格的合作社,或者只是属于名义合作社。

因此,基于以上分析,非常有必要研究成员的资本、业务和管理参与下的作为混合契约的农民专业合作社的股权结构和治理结构,以及合作社所特有的惠顾结构(patronage structure)情况[①]。

具体而言,本章所要研究的核心问题在于:

第一,成员在加入合作社时可能首先会面临是否入股以及入股比例的选择,他们的资本参与行为影响着合作社的股权结构。

第二,成员在加入合作社后会面临是否将自己所生产的农产品卖给合作社的决策,同时他们还得决定是否从合作社采购农资,以及是否请合作社或有的专业化服务队伍(比如机耕队、植保队等)为自己的农作物提供专业化服务。成员的这些业务参与行为会影响到他们与合作社的惠顾额,以及相应的在年底获得货币或实物返利的数额。因此,成员的业务参与行为影响着合作社的惠顾结构。

第三,成员在加入合作社后还会面临是否参加合作社的成员大会,是否就合作社重大事项发表自己的意见,是否在会上进行投票以决定合作社利润分配、选举出合作社的理、监事长等问题。因此,成员的管理参与行为影响着合作社的治理结构。

7.2 成员参与下的合作社结构及研究假设

本节将首先阐述合作社产权,综述成员参与与合作社股权结构的相关研究,提出研究假设;进而探讨合作社惠顾,综述成员参与与合作社惠顾结构的

---

① 合作社组织通常会定期(比如春节前或者年末)对成员进行基于惠顾额(成员与合作社交易量)的现金或者等额物资的返还。由于合作社的经营收入主要依赖于与成员的交易,而每个成员与合作社的产品与农业生产资料的惠顾额不尽相同,因此合作社存在独特的惠顾结构问题。

相关研究,提出研究假设;随后聚焦成员参与与合作社治理结构的相关研究,提出研究假设。

7.2.1　成员资本参与与合作社股权结构

7.2.1.1　合作社产权特征

对于西方的传统合作社而言,合作社的成员资格被严格限定在惠顾者成员中;成员虽然有个人股份,但是所有涉及这些股份的决定都由合作社集体决策;剩余回报权不可转移、不可估价但可以赎回,收益分配与成员的惠顾额成正比;在合作社的长期发展过程中所积累下的大量公积金,属于合作社集体共有,服从集体决策(Chaddad & Cook,2003;徐旭初,2005)。这就导致了西方传统合作社的"模糊产权"问题,具体包括:搭便车问题、视野问题、投资组合问题、控制问题和影响成本问题(Cook,1995),进而引发了学者们关于合作社有无效率的讨论(Porter & Scully,1987;Sexton & Iskow,1993;Nilsson,2001;Hardesty & Salgia,2005)。当前,合作社组织是否有效率尚存争议,但一个不容忽视的事实是 20 世纪 90 年代新一代合作社在北美获得大发展。相较传统合作社,新一代合作社的产权制度等出现了明显的变革,成员不再可以自由进出,成员资格转向封闭,股权可以交易,并且股权与成员惠顾额成比例等(Cook & Iliopoulos,1999;Fulton,2000;Holmes et al. ,2001)。而库克和伊利奥普洛斯(2003)也用美国的 127 个样本合作社数据证明了封闭成员资格、使用销售协议并有可转让和可增值的转让权的合作社中,成员更加愿意去投资,也即界定清晰的产权具有重要性。此外,Chaddad 和 Cook(2003)也进一步总结了合作社组织在传统合作社产权类型以外发展出的包括比例投资合作社、成员投资者合作社和股份投资者合作社等多种非传统的产权安排类型,用以说明合作社组织这些年所出现的产权制度变化。并且 Cook(2004)和 Chaddad(2009)等发现,与传统合作社更多依靠来自利润留存的内部资本积累方式不同,非传统合作社更倾向于投资者驱动的资本获得方式。

7.2.1.2　中国农民专业合作社股权结构特征

对于中国的农民专业合作社而言,由于中国的《农民专业合作社法》第四条明确规定:"农民专业合作社对由成员出资、公积金、国家财政直接补助、他人捐赠以及合法取得的其他资产所形成的财产,享有占有、使用和处分的权利，并以上述财产对债务承担责任。"[1]因此，中国农民专业合作社的财产来源包括了成员出资，公积金，国家财政直接补助，他人捐赠以及合法取得的其他资产所形成的财产五大部分。其中"他人捐赠"和"合法取得的其他资产所形成的财产"由于不具有普遍性，本文忽略不计；各级政府部门的各种"财政直接补助"在合作社中作为扶持资金或借贷资本存在，不能纳入合作社的股权结构中进行考虑（苑鹏，2004）；再加上中国农民专业合作社的发展时间尚短，多数合作社所提公积金额度较小，甚至没有提取，在欧美发达国家普遍存在的大额公积金所导致的模糊产权问题在中国并不明显，本书也不特别考虑"公积金"因素[2]。因此实际上中国农民专业合作社的关键和核心财产权是合作社成员的出资额也即成员入股股份金额，以及基于成员股份的增值金额（通过股份分红等）。成员资本参与下的合作社股权结构也正是本书所要关心和研究的核心产权问题。

对于中国当前农民专业合作社的股权结构现状，一些研究者认为，由于中国的农民专业合作社发展并不刻意强调成员的生产者性质，因此呈现出包括供销社、龙头企业、农资公司、政府基层事业单位等法人股、贩销户等非农业生产者股和规模不等的农业生产者股等兼有的现象，而且单位法人、贩销和生产大户持有股金比重较高，小农户投入股金有限（马彦丽和孟彩英，2008；丁建军，2010），合作社股份的异质性特征较明显。同时，中国的农民专业合作社在产权结构上普遍采用资本化方式，农民专业合作社股份化的根本原因在于合作社企业家具有实现其人力资本产权资本化的内在要求，企业家人才又往往具有稀缺性（周应恒和王爱芝，2011）。面对合作社的这种资本控制特征，有研究担心特别是在经济发达地区，合作社会呈现出明显的功能弱化现象，伴随着"产权锁定"农户有可能会在拥有资本、技术后，在市场比较稳定且加入合作社收益感知不明显的情况下选择退出合作社（崔宝玉和李晓

---

[1] 中华人民共和国农民专业合作社法. 中央人民政府网. http://www. gov. cn/ziliao/flfg/2006 —10/31/content_429392. htm.

[2] 《中华人民共和国农民专业合作社法》第三十六条有明确规定"农民专业合作社应当为每个成员设立成员账户，记载包括量化为该成员的公积金份额等个人财产信息"，这就从理论上避免了模糊产权的存在。当然实践领域中多数合作社是否真正设立成员账户，那是另外需要探讨的实务性问题，本书不表。

明,2008)。大量的农民专业合作社产权所呈现的"农村精英"控制、普通成员依附现象,使得合作社呈现出比较明显的少数核心成员持有合作社多数股份的格局(徐旭初,2006;黄胜忠和徐旭初,2008;周春芳和包宗顺,2010),也即农民专业合作社的股权集中度较高。

不过,基于笔者的观察,合作社的股权集中度虽高,但对于很多合作社而言,光靠理事长一人很难独立支撑起合作社的持续发展,理事长周围往往还会有一些核心团队成员,他们也持有着相当比例的股份,他们的持股比例往往高于普通成员。因此,合作社在股权结构上呈现出更为鲜明的"核心——外围"结构(马彦丽和孟彩英,2008),只是这些核心团队成员的持股比例与理事长相比还存在一定差距。如果借用公司治理主题中的股权制衡度概念[①],实际上合作社中存在类似的股权制衡度概念。因此,本章提出以下假设:

假设 1a:中国的农民专业合作社呈现出异质性的股权结构特征,少数核心成员(以理、监事会成员为主)持有合作社的过半股份,合作社股权集中度较高。

假设 1b:中国的农民专业合作社理事长拥有与其他合作社理、监事会成员的持股总值相当甚至更多的股金,合作社的股权制衡度较低。

7.2.2 成员业务参与与合作社惠顾结构

7.2.2.1 合作社惠顾特征

对于传统合作社组织而言,成员往往是惠顾者(使用者)—所有者(投资者)—管理者(控制者)的统一体(Reynolds,1997;Chaddad & Cook,2003;Sigismondo,2005;Barton,2009)。基于成员与合作社之间的产品惠顾额进行利润分配的惠顾额返还原则是合作社有别于其他企业组织的本质规定性之一(Crooks,2004),成员的惠顾额受到成员农业专业化生产程度等因素的影响(Fulton & Adamowicz,1993)。

在西方早期的合作社发展过程中,成员的忠诚惠顾对于合作社当初的成功起到了关键性的作用,不过从那时开始合作社就已经意识到了组织发展的

---

① 在公司股权制衡度上,如果第一大股东的持股比例和第二至第五大股东(也有些文献用第二至第七大或者第二至第十大股东)成员的总持股比例的比值大于1,则说明这个公司的股权制衡度较低;如果第一大股东的持股比例和第二至第五大股东成员的总持股比例的比值小于1,则说明这个公司的股权制衡度较高。

本质属性是公平而不是平等地对待成员，合作社不但需要普通小规模农户的忠诚参与，更加需要大农场主的惠顾，并且从那时开始合作社就面临如何在照顾小农户成员利益（保证合作社的公平）和关照大农户收益（追求合作社效率）之间进行艰难决策的难题（Anderson & Henehan，2003）。

适应整个社会经济发展变革而生的新一代合作社，在成员的惠顾原则上发生了一些明显的变化——成员的惠顾权与股权投资挂钩，即成员被要求基于惠顾额进行投资，成员不能再自由进出社，当生产者不再希望成为新一代合作社的一员时，经理事会同意，他的惠顾权（交易权）可以交易给其他人（包括非本社成员）（Coltrain et al.，2000；Nilsson & Germundsson，2000；Sporleder & Zeuli，2000）。

7.2.2.2 中国农民专业合作社惠顾结构特征

对于中国的农民专业合作社而言，其在整体组织功能发挥上扮演着提升农民在市场交易中的谈判能力、提高农民话语权和市场竞争力、促进农民增收致富等角色，同时它在推动农业产业化发展，创造农民就业机会和推动农村社区发展等方面也具有独特价值（唐宗焜，2007；王忠海、赵国杰和郭春丽，2009）。合作社整体功能的发挥基础正依托于成员的业务参与，也即所谓的产品惠顾。根据以往的实践与研究经验，虽然合作社的类型发展越来越多样，合作社提供的服务内容也越来越丰富，但对于种养类产销合作社而言，围绕农民交售给合作社的农产品展开的销售服务功能仍然是最主要的（王拓和高建中，2009；刘媛媛，2010），这种销售服务涉及运输、加工、包装、营销等诸多环节。

对于中国农民专业合作社的成员惠顾结构而言，其在惠顾内容上，可能既包括了化肥、农药、饲料等农资类实物产品惠顾，又包括了植保、机耕等服务类的虚拟产品惠顾，甚至还可能包括一些特殊的资金互助类的金融服务产品惠顾，但仍然是以瓜果蔬菜等所谓实物产品的产后销售为主要惠顾内容。

在惠顾集中度上，由于中国的农民专业合作社发展具有比较鲜明的"强者牵头、弱者参与"的发展特征（徐旭初和黄胜忠，2009），这就使得合作社成员间的惠顾额并不均匀，特别是对于那些以生产大户为领头人的产销合作社而言，更加具有惠顾额的异质性，其集中体现为合作社理事长或者合作社理、监事会成员等少数人与合作社的产品惠顾额占合作社总惠顾额的比例较高。

对于那些贩销大户带头的产销合作社而言,合作社理事长与合作社的惠顾额并不会太大,甚至理事长并不从事农业生产。

在惠顾返还上,相对于欧美传统合作社,中国的农民专业合作社在惠顾返还形式上发生了一定程度的变革。很多合作社的核心成员属于贩销户或法人成员,本身并不从事农业生产,这就使他们与合作社的产品惠顾额极少,甚至完全没有,他们会推动合作社在经营利润的返利形式上进行调整,最典型的情况是会加大以出资额比例进行可分配盈余返还的比重,突破甚至远高于《农民专业合作社法》规定的按照出资额等返利 40% 的上限。此外普通成员也可能因为不太信任合作社,存在着更加看重直接价格改进的状况。而确定合理的惠顾额返利比例,是促进成员与合作社进行业务参与的关键,是建立良好利益分配机制的核心(曾明星和杨宗锦,2011)。

此外,不可否认的是,绝大多数合作社还通过多种方式带动非成员农户发展,促进农民增收(黄胜忠、徐旭初和金士平,2007)。比如,根据 2010 年年底的统计数据,浙江全省 20678 家农民专业合作社共带动了非成员农户 375.9 万户(赵兴泉,2011),数量非常可观。但这也导致合作社的发展面临另一层面问题,即合作社或者核心成员会从这些非成员农户中收购大量产品,同时,合作社给普通成员和非成员所提供的服务差别不大,甚至完全无差别,这显然会削弱普通成员对合作社的忠诚度,减少甚至不再对合作社进行业务参与,合作社的惠顾结构异质性会进一步凸显。因此,本章提出以下假设:

假设 2a:中国的农民专业合作社呈现出异质性的惠顾结构特征,少数核心成员(以理、监事会成员为主)占有合作社相当的惠顾额比例,但合作社的惠顾集中度不会太高。

假设 2b:中国的农民专业合作社理事长惠顾额和合作社其他理监事会成员的惠顾总额之间差距较大,也即合作社惠顾制衡度较高。

7.2.3　成员管理参与与合作社治理结构

7.2.3.1　合作社治理结构特征

合作社的治理结构有广义和狭义之分。就广义而言,正如威廉姆森将企业视为一种治理结构一样,合作社也被视为一种介于企业与市场之间的治理结构状态。在 Chaddad(2009)看来,合作社作为一种治理结构混合了市场和等级特性机制,因此应该被视为一个真正的混合而不是一种中介形式,所谓真正的混合就是指在治理结构的某些维度上像市场,而在其他方面像等级制。在此基础上,Makadok & Coff(2009)基于治理的三个维度,即权威、所有权和动机,提出了对混合治理形式进行分类的方法,认为委托人通过激励、所有权和正式的权威间接地促使代理人之间的协作。因此可以这样理解:合作社在分离的产权和高效的动机上像市场,而在诸如行政控制、权威等方面像企业。很显然,Chaddad 的此种治理结构划分范式已经有些不同于威廉姆森的线性连续体的治理结构思路。与威廉姆森持类似观点的是 Oliver 和 John(1996),他们认为合作社和其他企业组织一样都是一种治理结构,只是在普通公司当中,那些控制企业的人并不是购买和使用企业产品的人。也即组织的治理结构能被决策权的所有者特征所区分(Hendrikse & Van Oijen,2002)。Hendrikse 则在讨论公司与合作社的区别以及联盟和供应链问题时更为抽象地探讨了治理结构问题,Hendrikse(2003)认为由于契约往往是不完全的,因此治理问题尤显重要。具体而言,治理是关于组织的交易问题,供应链和网络的治理问题涉及决策权、收益权、联盟权和认知权,而治理结构是不同利益相关者间交易的包含规则、制度和约束的结构化表达。在 Hendrikse(2007)看来,治理结构的标准描述方式是对决策和收入权的区分,其中决策权意味着谁是权威以及谁拥有控制权,收入权则是指收入和成本如何分配。

基于狭义的视角,合作社的治理结构类似于所谓的公司治理问题(Shaw,2007)[①]。合作社的公司治理结构提供了生产者共同决策制定的有效工具,同时,其可以避免长期的激励无效率(Townsend,1995)。合作社治理问题非常重要,因为它决定了合作社是否是朝着使最贫困人民受益的方向而组织(Shaw,2007)。合作社治理问题又很复杂,但相对于公司治理,研究合作社治理的理论文献并不多(Cornforth,2004)。其原因之一是合作社治理问题较少受到理论界的关注(Jussila & Goel,2006)。Pozzobon 和 Filho(2007)也认为,有关合作社的治理理论框架尚在形成中。

合作社治理的特殊性在于,作为成员所有的组织,合作社的基本决策由全体成员或者他们选举产生的代表作出,特别是在小型合作社当中,重要的决策

---

① 下文如无特别说明,一般是指在狭义上讨论合作社的治理结构问题。

基本上由全体成员作出。合作社采取一人一票的集体决策制度,并且通过简单多数原则作出决定。但是,当成员之间的观点(利益)不相同的时候,他们之间的冲突就会产生,合作社的合理决策目标达成就会发生困难(Zusman,1982)。因此,合作社治理存在缺陷,像在墨西哥这样的民主传统并不浓厚的发展中国家,其合作社治理没趋向寡头政治,也没实现民主控制,而是在这两者之间挣扎(Hernandez,2006)。理论界对合作社的效率问题一直存在争议(Porter & Scully,1987;Jerker,2001;Logue & Yates,2005)。

另外,在实践领域中,合作社必须想方设法在组织治理的过程中尊重合作社的基本原则,否则哪怕组织财务绩效再理想,也会面临成员的认同危机,或者引发成员间的利益冲突。葡萄牙的农业信用合作社就是一个典型的案例(Paula & João,2007)。实际上,当合作社需要在满足市场需求与满足成员需求之间达成一种微妙的平衡时,这种平衡的关键在于理事会、成员大会和管理层之间对责任的清晰界定(Harris、Stefanson & Fulton,1996)。更具体而言,合作社组织需要围绕成员大会、理事会和管理层等,在投票、多数原则和法定人数等治理内容上作出进一步的制度化设定(Pozzobon,2011)。

其中全体成员组成的成员大会是合作社的权力机构,拥有设定和修改章程、选举理、监事会成员、决定重大投资事项和批准年度业务报告等职权。在规模很大的合作社组织中,成员往往选举出本地区本领域的代表,然后由全体代表组成的成员代表大会作为权力结构行使成员大会职权,但是普通成员组成的全体成员大会仍然有权以一人一票的方式决定合作社解散、合并等重大事项或议题。需要注意的是,多数合作社仍然坚持着“一人一票”的投票原则,但在欧美国家的一部分合作社中已经出现了比例投票倾向,即主要根据成员与合作社的惠顾额确定成员票数,此票数有最高限额;这种投票原则的变革不单发生在新一代合作社中,也出现在一些有着悠久历史的传统合作社中(Cook,1992;Zeuli & Cropp,2004)。

成员大会选举产生的由具有从业技能和经验的人员组成的理事会是合作社的执行机构,其职责是组织召开成员(代表)大会,向成员(代表)大会汇报年度发展情况,执行成员(代表)大会的决议,制定本社的重大发展战略等。在西方一些发展规模较大的合作社当中,理事会还会负责聘任经理层人员,并结合本社的特点考评经理层的社会和财务目标实现情况(Roger、Chris &

Mike,2009)。许多国家的合作社还设有监事会或者监事,监督合作社理事会和管理层的行为是否符合组织章程和成员要求等(Lang、Castanias & Cook,2001;Bijman & Hendrikse,2004)。不过相较于理事会,监事会的价值相对被忽略,甚至在有些国家(地区),比如芬兰,合作社的监事会就因为被视为对于公司增值无效而受到广泛批评(Tainio,1999)。

此外,理论界对于合作社高管团队以及理、监事会管理行为的研究更是偏少。有限的研究文献主要聚焦于合作社管理层在组织内部冲突解决和资源分配等方面的角色行为(Cook,1994),关注合作社理事会和管理层之间的责任分割,以及与合作社原则相关的管理层的知识与能力问题(Adrian & Green,2001);对合作社理事会和执行理事如何一起工作进行探索性研究(Bataille-Chetodel & Huntzinger,2004);还有一些偏重实务的文献关注管理层的薪资报酬等问题(Trechter et al.,1997;Trechter & King,1995)。在这些有限的研究中有学者发现,合作社和互助组织的经理可能比普通营利性企业组织的同行拥有更多的权力,并且由于合作社受到的外部控制很弱,管理层可能更加远离压力进行改革(Spear,2004)。

成员在合作社治理当中的参与是合作社治理结构的重要内容(Österberg & Nilsson,2009)。成员一般通过成员大会参与组织治理,其参与治理的内容包括选举理事会成员和讨论、决策合作社面临的关键问题等,但成员较少直接影响经理层(Spear,2004)。西方的研究者发现,随着合作社成员规模的扩大,成员的管理参与情况可能发生一些微妙的负向变化,但是英国合作社集团的例子告诉我们,此种管理参与的规模障碍并非不可逾越(Birchall & Simmons,2004b),只是需要对合作社的治理结构,特别是对合作社的投票和代表系统进行合理设计,以确保成员对合作社尤其是那些大型合作社的有效控制(Butler,1988;Turnbull,1994;Reynolds、Gray & Kraenzle,1997)。

7.2.3.2 中国农民专业合作社治理结构特征

对于中国而言,合作社的研究者和实务工作者更多时候基于狭义视角解读农民专业合作社的治理结构问题,其主要表现为围绕成员(代表)大会、理事会与监事会机构探讨他们之间的权力制衡等问题(丁建军,2010;陈俊梁和陈建荣,2010)。中国的《农民专业合作社法》对成员(代表)大会、理事会和监事会都有明确规定,但由于合作社的舶来品属性,农民对人民公社的刻板印象,在当前合作社知识不够普及、农民整体素质不高的情况下,普通农民成员对如何参与合作社的管理等问题认识模糊,更有些普通成员可能会放弃管理参与转向"搭便车"。此外,由于中国农民专业合作社的发展时间尚短,合作社经营规模不大,盈利能力较弱,绝大多数合作社并没有聘请经理人,这使得中国的农民专业合作社具有鲜明的理事会和经理层职能合一的特征。

中国的农民专业合作社在发展初期具有较为鲜明的机构带动的特征,比如供销社、科协、农村乡镇基层"七站八所"等机构在早期组织发展了大量农民专业合作组织,到目前为止也有农业龙头企业和供销社等机构在合作社的发展中扮演着非常重要的带动作用,同时,大量农村能人在合作社组建和发展过程中发挥带头作用,施展企业家才能(苑鹏和任广吉,2009;彭莹莹,2010)。特别是其中的合作社理事长,他们往往既是合作社的法人代表,又是合作社的管理者,在合作社的经营管理中发挥着十分重要的作用(刘永建,2009)。现在农民专业合作社的治理既面临对管理者的监督成本过高、对理事会等核心成员约束不足,导致合作社存在严重的内部人控制问题(宋茂华,2007;国鲁来,2011);又面临对核心成员的激励机制明显滞后,导致其对合作社的管理投入不足的问题(张雪莲、冯开文和段振文,2011;雷兴虎和刘观来,2011)。也即,中国的许多农民专业合作社虽然在通过赋予农民企业家控制权,通过监督、产权合约等正式规则设计以及通过企业家道德、声誉等非正式规则设计有效抑制企业家机会主义行为的情况产生(冀县卿,2009),但更多时候合作社治理存在着兼任经理人员的合作社核心成员"责"与"利"都不到位的共性情况(高海,2009)。使农民专业合作社形成鲜明的"大农—小农"特征和所谓"核心成员—普通成员"的成员结构(王军,2010b;崔宝玉,2011),在这种独具中国特色的"核心—外围"结构下,核心成员通常掌握着合作社的实际控制权,成为合作社的实际代理人,而众多的中小成员虽是委托人,却又投资不足(马彦丽和孟彩英,2008)。使中国的农民专业合作社在治理结构上整体表现为:几乎所有的合作社都制订了章程,设立了成员大会和理、监事会(或理事会和执行监事),一些规模大的合作社还成立了成员代表大会,但是这些合作社在不同程度上为能人所控制,普通成员难以起到监督作用。

基于成员管理参与的视角,如果成员有效出席成员(代表)大会、投票选举合作社理、监事会,投票决定合作社兼并、收购等重大事项,向合作社理、监事会提出自己的意见与建议等，可能会降低合作社管理效率，但至少会改进合作社治理结构的理论缺陷。不过，中国的农民专业合作社存在着一些普通成员不积极参与成员大会、懒得向合作社提意见等情况，这些情况的存在使合作社治理存在着不同程度的成员管理参与不足的问题，加剧了合作社核心成员的内部人控制问题。

因此，本章有理由假设中国的农民专业合作社成员大会的出席率不会很高（即出席成员大会的成员人数占全体成员总数的比例不会很高），合作社收到的成员反馈的意见与建议总数不会很多，成员投票选举合作社理、监事会成员以及投票决定一些重大事项的次数很少。不过遗憾的是，由于受限于问卷的数据结构①，合作社层面的数据缺乏这些方面的信息支持，但第 5 章的成员管理参与情况的描述性统计分析中，可以佐证笔者的假设（关于成员大会成员出席率和合作社收到的成员反馈的意见与建议）。具体而言，第一，只有52.1％的样本成员参加了合作社 2008 年度的所有成员大会，有 14.6％的成员没有参加过合作社在 2008 年度召开的成员大会。第二，高达 65.7％的样本成员没有向合作社提出过有关意见建议，从中可以看出多数成员并没有尝试更加积极地与合作社进行管理沟通。

为了弥补这种研究上的缺陷，本章尝试用成员大会召开次数替代成员大会的成员出席率变量。这是因为，如果成员大会召开次数多，就有可能说明成员大会在更好地发挥作用，成员在更好地履行管理参与角色，而那些没有召开或者象征性地一年仅召开一次成员大会的合作社显然更有可能忽略了成员大会的权力机构地位和成员的管理参与角色。

本章还想尝试着用理、监事会的召开次数从另一个侧面观察合作社的内部治理情况。从严格意义来讲，这已经不属于成员的管理参与行为，而是属于合作社常设机构的职业行为，但是正如成员大会的召开次数一样，这个指标也能够反映出合作社的民主管理水平。这是因为，如果合作社监事会召开次数越多，则可能说明监事会在较好地发挥监督合作社理事会和理事长的作用；监事会的这种合理运作会使得合作社并不是由理事长或者理事会中的少

---

① 实证分析所用的数据信息并不是为写笔者的博士论文而专门进行的调研，这就使得实际可得的数据信息情况并不能完全按照笔者的构思展开。这也是本书的一大研究缺陷与遗憾。

数人说了算,这在一定程度上可体现出合作社的成员参与下的民主治理特征。不过在没有参照系的情况下,监事会的召开次数情况很难完全说明问题,为此下文将继续引入合作社理事会的召开次数情况,以通过比较反映出合作社监事会的社内地位。因此,本章提出以下假设:

假设 3a:中国的农民专业合作社中普通成员对合作社治理结构的影响有限,具体表现为合作社的成员大会召开次数不会太多;

假设 3b:中国的农民专业合作社中理事会最为活跃,召开次数最多,在合作社治理中扮演着最为重要的角色;监事会的召开次数会少于理事会,发挥作用有限。

7.3 描述性统计分析

7.3.1 样本介绍

为验证以上假设,本章对中国的合作社成员角色与参与情况进行了描述性统计检验。本章实证分析所使用的数据一部分同样来自课题组于 2009 年 7 月至 2009 年 9 月在浙江省和四川省所作的农民专业合作社及其成员等的调查,这部分样本合作社共计 38 家。

样本量已超过了所谓的大样本门槛(30 个),但依据这些样本数据所得出的分析结果很容易受到可能存在的异常值的影响,使实证结果缺乏稳定性。为了使得分析结论更具说服力,本章进一步引入了笔者所具体参与的国家自然科学基金项目于 2011 年 7 月至 2011 年 8 月在浙江省和四川省所作的农民专业合作社调查的部分样本数据,并进行相同范式的统计分析。其中,四川省的大部分数据来自于由农业经济管理专业学生(包含本科、硕士、博士学生)组成的课题组对样本合作社所作的面对面访谈;全部的浙江省数据和少数四川省数据来自于浙江大学学生三农协会招募的浙江大学本科生在暑假期间对样本合作社所作的面访。所有参加调研的同学都事先进行了类似 2009 年的专题调研培训。其中,集中进行调研的课题组成员在调研过程中保持着不断进行讨论、交流的习惯。此外,为确保问卷质量,问卷调研负责人也通过电话、邮件和 QQ 等媒介与三农协会招募的参加合作社调研的同学保持着双向互动联系。

2011 年度调研的样本实际上不止 74 家,但是为了保持文章分析的一贯性,笔者在引入本书分析的过程中,删去了黑龙江省的样本信息,也没有加入那些非省市级示范合作社的四川省调研样本。同时,笔者还删去了浙江和四川两省的粮食产业合作社样本,只保留了果蔬和养殖类合作社。此外,本章在样本选择过程中删掉了一小部分惠顾额、资本量等关键指标数据信息缺失的样本合作社,最终得到了实际使用的 74 个样本合作社及其相关信息。

表 7.1 是分析使用的样本合作社的地区和产业分布情况。样本合作社数量的地区分布比例比较接近于浙江、四川两省的农民专业合作社总数比。样本合作社的产业分布也与四川、浙江两省农民专业合作社的产业分布情况相接近。由于 2009 年和 2011 年调研时样本合作社所填报的信息分别对应于 2008 年度和 2010 年度的成本收益情况,因此如无特别强调,下文的相关表格也将用 2008 年和 2010 年进行数据信息的年份标注。

表 7.1 样本合作社的地区和产业分布

		四川	浙江	种植业	养殖业	合计
2008 年	频数	21	17	26	12	38
	百分比	55.3	44.7	68.4	31.6	100.0
2010 年	频数	31	43	51	23	74
	百分比	41.9	58.1	68.9	31.1	100.0

资料来源:根据样本合作社数据整理所得。

7.3.2 合作社的资本结构情况

就合作社的资本结构而言,在股权集中度方面,2008 年和 2010 年两个年份的样本合作社中,理、监事会成员出资额占出资总额的比例都已过半,分别为 2008 年的 0.57 和 2010 年的 0.53。这说明合作社的股权结构集中度仍然较高,合作社的理、监事会成员占有合作社的过半股份。

从表 7.2 可以看出,从 2008 年到 2010 年,处于最高区间 0.50~0.75 的样本比例从 34.2% 下降到了 29.7%。此外,相较于 2008 年度,2010 年度的样本中处于 0.25~0.50 区间的比例在上升,而处于 0.75~1.00 区间的比例在下降。这或许可以说明经过两年多的发展,合作社的股权集中度呈现出了下降的态势。

表 7.2　理、监事会成员出资额占总出资额比例　　　　单位:%

年　份	<0.25	0.25~0.50	0.50~0.75	0.75~1.00
2008 年	18.4	21.1	34.2	26.3
2010 年	18.9	28.4	29.7	25.7

资料来源:根据样本成员数据整理所得。

在合作社的股权制衡度方面,2008 年度的样本合作社理事长与其他理、监事会成员间的出资比值大于 1,均值达到了 1.17,而 2010 年度的出资比值则小于 1,为 0.71。参考公司股权制衡度的研究,本章将 1.00 作为是否实现股权制衡的临界值(黄渝祥等,2003;徐莉萍,辛宇和陈工孟,2006),也即如果理事长持股比例与其他理、监事会成员的总持股比例的比值大于 1,则说明这个合作社的股权制衡度较低,如果理事长持股比例与其他理、监事会成员的总持股比例的比值小于 1,则说明这个合作社的股权制衡度较高。因此,有理由认为样本合作社的股权制衡度并不高。

不过,从表 7.3 可以看出,2008 年度出资比值最高的区间为等于大于1.00 的部分,其比例达到了 31.6%,而 2010 年度出资比值最高的区间为出资比值小于 0.25 的部分,其比例达到了 37.8%,因此,这或许说明经过两年多的发展,合作社的股权制度呈现出良好的发展态势,股权制衡度在提高。

表 7.3　理事长与其他理、监事会成员的出资比值　　　　单位:%

年　份	<0.25	0.25~0.50	0.50~1.00	1.00
2008 年	15.8	28.9	23.7	31.6
2010 年	37.8	24.3	25.7	12.2

资料来源:根据样本成员数据整理所得。

7.3.3　合作社的惠顾结构情况

就合作社的惠顾结构而言,在惠顾集中度方面,无论是 2008 年的样本数据还是 2010 年的样本数据,合作社的理、监事会成员与合作社的惠顾额占全体成员与合作社的总惠顾额的比例(以下简称:理、监会成员惠顾额占总惠顾额比例)都没有超过 0.5①,2008 年的样本均值甚至只有 0.25,2010 年的样本均值也没有达到 0.40,只有 0.33。这说明合作社的惠顾集中度并不高。

但从表 7.4 可以看出,在 2008 年度的样本合作社中,理、监事会成员惠顾额占总惠顾额比例的最高值处在小于 0.25 区间,其比例高达 73.7％;而在 2010 年度的样本合作社中,理、监事会成员惠顾额占总惠顾额比例的最高值位于 0.25～0.50 区间,其比例为 48.6％。

表 7.4　理、监事会成员惠顾额占总惠顾额比例　　　　单位:％

年　份	<0.25	0.25～0.50	0.50～0.75	0.75～1.00
2008 年	73.7	10.5	10.5	5.3
2010 年	35.1	48.6	6.8	9.5

资料来源:根据样本成员数据整理所得。

套用合作社股权制衡度的概念,就合作社的惠顾制衡度而言,合作社理事长与其他合作社理、监事会成员的惠顾额总值之间的比值较小(见表 7.5),其中 2008 年的数据更是反映出,合作社理事长与合作社之间的惠顾额不及其他理、监事会成员的一半。2010 年的样本数据虽然超过 0.5,但是也只有 0.54。这可能说明在合作社中,理事长的生产者身份并不突出,也即很多合作社理事长可能并不是生产大户,而是农村经纪人、村干部或者农业企业家等,他们依托自己的市场渠道优势或政治资源优势领导合作社的发展。

表 7.5　理事长与其他理、监事会成员的惠顾规模比值　　　　单位:％

年　份	<0.25	0.25～0.50	0.50～1.00	1.00
2008 年	52.6	18.4	13.2	15.8
2010 年	58.1	25.7	9.5	6.8

资料来源:根据样本成员数据整理所得。

---

① 2011 年合作社样本的惠顾结构数据通过事后电话、邮件回访等方式补充调研获得,而在 2008 年的合作社样本惠顾结构数据中,由于缺乏相应数据,在种植业中,笔者只能用成员所经营的农地面积作为其与合作社惠顾额的指标,而在养殖业中笔者用一年的出栏头(只)数作为其与合作社的惠顾额指标。采用此替代指标的原因在于一般而言,合作社的理、监事会等核心成员所生产的农产品绝大多数选择与合作社进行交易。因此,核心成员的生产量也就是他们与合作社之间的惠顾量。相应的这些样本合作社的成员惠顾量用的是成员总生产规模值再乘以合作社所统一销售农产品占成员所产所有产品的比例系数之后的值。此指标虽然有缺陷,但比较接近原指标概念。

7.3.4   合作社的治理结构情况

在合作社的治理结构方面,正如前文所述,成员大会的召开次数能在相当程度上反映出普通成员对合作社治理结构的影响方式。样本合作社的成员大会召开次数的均值都大于2,分别为2.42和2.53。从表7.6还可以看出,两个年份的合作社样本中,过半合作社的成员大会召开次数都小于等于2次,因此样本合作社的成员大会召开次数并不多,符合笔者对合作社的印象,即成员的正式管理参与机会有限,普通成员在合作社的治理结构中的地位不高。

表 7.6   成员大会召开次数情况   单位:%

年 份	≤2 次	3～4 次	≥5 次
2008 年	57.9	36.8	5.3
2010 年	56.8	37.8	5.4

资料来源:根据样本成员数据整理所得。

本章还进一步尝试通过分析理、监事会的会议次数情况从另一个角度分析合作社成员参与下的治理结构情况。从表7.7和表7.8可以看出,理事会的召开次数平均超过5次,分别为2008年的5.08次和2010年的5.16次,也即平均两个多月召开一次理事会;监事会的召开次数平均超过3次,分别为2008年的3.53次和2010年的3.69次,也即平均三个多月召开一次理事会。因此,样本合作社的理事会召开次数多于监事会,这说明理事会的活跃度要高于监事会。此外,理、监事会的活跃度都普遍高于成员大会。

从表7.7和表7.8还可以看出,两个年份中,理事会召开次数分布最多的区间都位于"召开次数等于大于5次",且比例都超过4成,这说明还是有相当部分的合作社比较活跃。而监事会召开次数分布最多的区间,在2008年的样本中"监事会召开次数小于等于2次"和"监事会召开次数3～4次"的所占比例相同,都为39.5%;2010年样本群体中则是"监事会召开次数3～4次"所占比例最多,为39.2%,此外,相较于2008年,2010年中"监事会召开次数等于大于5次"的部分所占比例有所提高,达到23.0%,不过监事会的召开次数明显少于理事会。

表 7.7　理事会召开次数情况　　　　　　　　　　单位:%

年　份	≤2 次	3～4 次	≥5 次
2008 年	15.8	31.6	52.6
2010 年	21.6	33.8	44.6

资料来源:根据样本成员数据整理所得。

表 7.8　监事会召开次数情况　　　　　　　　　　单位:%

年　份	≤2 次	3～4 次	≥5 次
2008 年	39.5	39.5	21.1
2010 年	37.8	39.2	23.0

资料来源:根据样本成员数据整理所得。

总体而言,在合作社的治理结构中,最为活跃的群体是合作社的理事会成员,合作社的成员大会并不特别活跃,其在合作社治理结构中的影响可能有限,这种状况在 2008 年和 2010 年无明显变化。

7.4　结果讨论

本章采用的 2008 年的调研数据只有 38 个样本,2010 年的数据只有 74 个样本,样本量都不大,这使得基于单个年份的样本所得出的研究结果可能不太稳定。但本章采用的样本来自两个时间段的两个独立样本群体,这种研究安排可以在一定程度上提升本章研究结果的可靠性,这种采用两套不同来源数据进行同一个问题分析的方法包含着对所谓的共同方法偏差问题进行克服的努力(周浩和龙立荣,2004;杜建政、赵国祥和刘金平,2005)。

此外,从 2008 年到 2010 年只有两年左右的发展时间,但通过前面的分析可以发现,不同年份的统计数据之间存在着一定程度的差异性。为了从统计意义上给出一个明确的结论,这里采用常用的独立样本 t 检验,以确定上文表格中不同年份的样本均值是否存在统计学意义上的显著性差异。

对成员资本、惠顾和管理参与三个维度所涉及的七个数据指标所进行的独立样本 t 检验结果见表 7.9 和表 7.10。限于篇幅和表格的宽度,样本的均值、标准差和方差齐性检验结果在表 7.9 中报告,而独立样本 t 检验结果在表 7.10 中报告。

表 7.9 样本的均值和标准差情况

		均值	标准差	方差齐性检验	
				F	Sig.
理、监事会出资比例	2008	0.571	0.278	0.493	0.484
	2010	0.531	0.287		
理事长与其他理监事出资比	2008	1.170	1.708	2.432	0.122
	2010	0.710	1.162		
理、监事会规模比例	2008	0.247	0.225	0.031	0.860
	2010	0.333	0.250		
理事长与其他理监事规模比	2008	0.539	0.771	2.108	0.149
	2010	0.393	0.813		
成员大会次数	2008	2.420	1.244	0.058	0.810
	2010	2.530	1.274		
理事会会议次数	2008	5.080	2.675	0.881	0.350
	2010	5.160	4.138		
监事会会议次数	2008	3.530	2.322	0.309	0.579
	2010	3.690	2.606		

从表 7.9 可以看出,就方差齐性的 F 值检验结果而言,七个变量的 P 值都大于 0.05,说明所有七个变量的方差不存在显著的差异,可以进行独立样本 t 检验。进一步观察表 7.10,可以发现所有双尾检验结果的 P 值都没有低于 0.05,说明七个变量在两个年份样本的均值差异性在 0.05 水平下并不显著,但从中仍然可以发现在"理事长与其他理监事出资比"和"理、监事会规模比例"两个变量上,双尾检验的 P 值分别为 0.096 和 0.076,说明这两个变量在 0.1 水平下显著,或者说存在弱显著。

具体而言,首先,相较于 2008 年,2010 年的样本合作社中理事长与其他理监事的出资比要低,也即 2010 年样本合作社的股权制衡程度要高于 2008 年,这种股权的高制衡度具有 0.1 水平上的显著性;其次,相较于 2008 年,2010 年的样本合作社中,理、监事会所占经营规模比例要高,也即 2010 年样本合作社的惠顾集中度要高于 2008 年,这种惠顾集中度具有 0.1 水平上的显著性。

因此，通过独立样本 t 检验，可以发现在 2008 年到 2010 年的两年时间里，样本合作社的资本、惠顾和管理参与结构的总体变化并不显著，但仍然可以发现样本合作社在股权制衡度和惠顾集中度上面的潜在变化，并且这种变化在一定程度上反映出合作社在朝着更为民主、更为规范的方向发展。

表 7.10   独立样本 t 检验

		t	自由度（df）	Sig.（双尾）	均值差异	标准误差差异	95%置信区间	
							低	高
理、监事会出资比例	方差齐性	0.695	110	0.489	0.039	0.057	−0.073	0.152
	方差非齐	0.702	76.888	0.485	0.039	0.056	−0.072	0.151
理事长与其他理监事出资比	方差齐性	1.682	110	0.096	0.460	0.273	−0.082	1.002
	方差非齐	1.491	55.086	0.142	0.460	0.308	−0.158	1.078
理、监事会规模比例	方差齐性	−1.791	110	0.076	−0.086	0.048	−0.182	0.009
	方差非齐	−1.853	82.132	0.067	−0.086	0.047	−0.179	0.006
理事长与其他理监事规模比	方差齐性	0.911	110	0.364	0.145	0.159	−0.171	0.461
	方差非齐	0.927	78.347	0.357	0.145	0.157	−0.167	0.457
成员大会次数	方差齐性	−0.420	110	0.675	−0.106	0.252	−0.606	0.394
	方差非齐	−0.423	76.347	0.673	−0.106	0.250	−0.604	0.393
理事会会议次数	方差齐性	−0.112	110	0.911	−0.083	0.741	−1.551	1.384
	方差非齐	−0.128	104.118	0.898	−0.083	0.648	−1.368	1.201
监事会会议次数	方差齐性	−0.325	110	0.746	−0.163	0.502	−1.157	0.832
	方差非齐	−0.337	82.798	0.737	−0.163	0.483	−1.124	0.799

7.5   本章小结

本章首先指出了合作社的契约特性，说明了成员参与对合作社组织契约层面可能造成的影响。进而，本章分别通过阐述成员资本参与与合作社股权结构、成员业务参与与合作社惠顾结构以及成员管理参与与合作社治理结构之间的关系，提出了中国当下农民专业合作社发展过程中在股权结构上面临股权集中度偏高、股权制衡度偏低，在惠顾结构上面临惠顾集中度不高、惠顾制衡度较高，在治理结构上面临成员大会召开次数不多、普通成员对合作社影响力有限等假设。随后通过对两个独立的合作社样本进行描述性分析,发现样本数据总体上支持以上假设。本章的具体研究结果如下:

第一,就股权结构而言,一方面,合作社具有比较明显的理、监事会成员占有多数股份的所谓核心成员寡头垄断特征,股权集中度较高,普通成员的资本参与较少,这也支持了本书第5章的成员资本参与特征;另一方面,理事长所占有的股份额度与其他理、监事会成员的比值较大,股权制衡度较低,合作社理事长仍然在合作社的股权结构中占有非常重要的角色。

第二,就惠顾结构而言,一方面,合作社的理、监事会成员所占有的合作社惠顾额比重并不高,惠顾集中度不高,说明普通成员仍然有将自己所生产的农产品部分或者全部地交售给合作社,支持了本书第5章的成员业务参与特征;另一方面,理事长的惠顾规模与其他理、监事会成员的惠顾规模的比值较小,惠顾制衡度较高,说明有些合作社理事长在合作社当中较为突出的并不是生产者角色,而是市场渠道开拓者或资金、技术以及其他社会、政治资源开拓者的角色。

第三,就治理结构而言,一方面,样本合作社的成员大会召开次数并不多,说明成员的正式管理参与不多,普通成员在合作社治理结构中的地位有限,支持了第5章的成员管理参与特征,而第5章中高达65.7%的样本成员没有向合作社提出过有关意见建议的数据,也进一步支持了成员非正式管理参与不多、在合作社治理结构中起到的作用有限的结论;另一方面,合作社监事会年度召开次数少于理事会的情况似乎预示着监事会的活跃程度要低于理事会,这在一定程度上说明合作社监事会的作用发挥有限。但受限于数据信息,本章无法对此问题作出更为深入的解答。

总体而言,成员在合作社股权、惠顾和治理中的参与并不均衡,使合作社的股权集中度最为突出,少数人在合作社的股权和惠顾结构中拥有重要话语权,在治理结构中大量普通成员参与缺失或不积极,对合作社治理影响有限。

另外,本章实证研究所用的两个样本群所包含的样本数并不多,但通过对两个独立样本群进行同主题数据分析的尝试,在一定程度上避免了所谓的共同方法偏差问题。两个数据结论的基本一致也说明了数据分析结论的稳定性和可靠性。笔者进一步利用两个年份的数据所进行的独立样本t检验,说明了这种年度间的差异并不非常具有总体上的显著性,但可以说明普通成员在合作社资本、惠顾和治理结构中的地位不突出，作用受限，合作社表现出了为少数人所控制的寡头垄断特征，民主治理性不够，规范程度不足。样本合作社的股权制衡度和惠顾集中度指标在 0.1 水平下的显著性差异，则说明了在这两年多时间里，样本合作社在资本和惠顾结构上表现出一些积极的变化，这些变化在总体上有利于合作社民办、民管和民受益的实现。当然，受限于样本量的不足和变量指标的缺陷，关于成员参与下的合作社资本结构、惠顾结构问题，特别是治理结构问题还有待于后续的进一步研究与拓展。

8 成员参与与合作社绩效

上一章阐述了成员参与与合作社股权结构、成员参与与合作社惠顾结构以及成员参与与合作社治理结构问题,并且通过描述性统计分析检验了当前中国农民专业合作社发展的股权、惠顾和治理结构特征。本章将在明确阐述合作社绩效内涵的基础上,进一步分析成员参与下的股权、惠顾和治理结构对合作社绩效的影响,进而解答成员参与与合作社绩效之间的关系。

本章结构安排如下:8.1 节将对本章的研究主题进行问题提出;8.2 节和8.3 节将对组织绩效(企业绩效和合作社绩效)进行相关文献综述,并说明本章合作社绩效的测量新视角;8.4 节提出成员参与下的股权、惠顾和治理结构对合作社绩效影响的假设;8.5 节对相关研究假设进行计量分析,并对分析结果进行进一步讨论;8.6 节对本章进行小结。

8.1 问题的提出

正如前一章所言,合作社全体成员的参与形成了组织层面的股权结构、惠顾结构和治理结构,这种成员参与形成的合作社结构,既包括了集中度概念,也形成了制衡度概念,其本质要义是在合作社当中,有多少成员参与合作社活动,这其中有多少成员对合作社组织拥有实质影响力,又有多少成员对合作社拥有最终控制力——也即在决定合作社发展方向和合作社分配方式等重大事项上拥有关键决定权。

中国当下的农民专业合作社发展面临着股权集中度偏高,股权制衡度偏低；惠顾集中度不高，惠顾制衡度较高；成员大会召开次数不多等现状。这就可能意味着当下的中国农民专业合作社，其农产品投售来源并不过分集中于理、监事会成员（包括理事长），很多来自于普通成员的惠顾，甚至不少来自于非成员农户；在合作社成员大会等机构发挥作用有限，普通成员对合作社实际控制力不足的情况下，合作社通过销售农产品获得的增值利润就有可能通过按股分红的形式，大量落入占有合作社多数股份、掌握组织实际控制权的理、监事会成员尤其是理事长等少数人手中。这些现象的存在使得很多合作社在财务数据上表现优良，但普通成员从合作社获得的收益却十分有限。与此同时，这些现象的存在也引来学者对农民专业合作社运行不规范、不健康的担心与忧虑。在笔者看来，学者对合作社绩效方面的质疑与担忧实际上隐含着对什么是好合作社的评判标准的争议。

本章的研究目的正是希望在系统梳理组织绩效研究相关文献的基础上，阐述合作社的组织绩效内涵；接着在借鉴企业组织等其他类型的组织绩效测度方法的基础上，提出逻辑清晰且简便易行的合作社绩效测度方法；然后在对合作社产权、惠顾和治理结构与合作社绩效关系进行假设的基础上，通过之前调研的农民专业合作社样本检验这种绩效评价方法，检验合作社产权、惠顾和治理结构与合作社绩效关系的研究假设是否成立。从而尝试弥补当前合作社绩效评价方法存在的缺陷，为后续的研究者提供一种合适的合作社绩效测度方法；同时，通过对合作社产权、惠顾和治理与合作社绩效关系的理论阐述和样本检验，研判什么样的合作社结构能够为合作社带来好的组织绩效，为实务工作者提供可行的实践操作思路。

8.2 组织绩效

组织绩效（organizational performance）是最为重要的测量商业组织成功性的指标（Devinney et al.，2005），它作为管理学研究中最为重要的构思（念）之一，一直是社会科学领域的热门研究主题，有着较为悠久的历史。不过，组织绩效的构成内容和评价方法却一直在发展变化，其内涵也不断丰富，展现了多元的概念维度（Richard et al.，2009）。其内涵范围已从投资回报率、销售增长率等财务绩效范畴（Venkatraman & Ramanujam，1986；Capon、Farley &

Hoenig，1990)，扩展到了市场份额、新产品引入和产品质量等运营绩效范畴（Ghalayini & Noble，1996；Wen、Chen & Chen，2008)，进而延伸到了社区、政治团体和政府等利益相关者范畴（Clarkson，1995；Donaldson & Preston，1995；Atkinson、Waterhouse & Wells，1997)，并开始关心企业的社会绩效（Griffin & Mahon，1997)。

随着企业绩效内涵的扩大，其概念也随之泛化，像效率、生产率、效能等概念也经常被纳入企业绩效的范畴进行讨论。这其中又以组织效能（organizational effectiveness）最接近于扩展后的企业绩效概念。组织效能不但看重财务等目标的实现，也看重企业目标实现的效率性，还看重企业所依赖的社会环境及其社会责任等非经济价值的实现情况（Henri，2004；Frankel，2009；Richard et al.，2009)。不过哪怕是企业效能，理论界对于它的定义、界限等也存在认识困惑（Cameron，1986)，在一致性的组织效能评价标准和组织效能理论体系形成方面存在诸多难题（Steers，1975；Lewin & Minton，1986)。总体而言，由于组织绩效的内涵在变化，再加上对于组织绩效的测量受到非观察因素的干扰（Jacobson，1990)，面临客观绩效指标数据的缺乏等问题（Dess & Robinson，1984)，在相当长的时间内，理论界对于组织绩效的测量一直没有形成完全合理的思路。为了设计和发展更为有效和稳健的测量组织绩效的方法，近几十年来，研究者放弃了存在不完善的单一指标测量思路，转而通过多指标，并且引入感知评价方法进行组织绩效测量的完善（Connolly，Conlon & Deutsch，1980；Venkatraman & Vasudevan，1987；Ailawadi、Dant & Grewal，2004)。

其中，针对类似中国的企业组织缺乏准确财务数据信息，或者研究者很难获得企业客观财务数据信息的情况，一些研究者更加有意识地尝试通过感知测量（perceptual measures）的方法去测度有关企业绩效的变量信息（Tan & Litsschert，1994；Bae & Lawler，2000)。这种感知测量的指标往往是多维度的，像 Wang 和 Satow（1994a，1994b）通过市场份额、收益率、竞争力、任务的完成性和营业额等 7 个方面的指标感知测度中国的企业效能。与之相类似的是，受 Tan 和 Litsschert（1994）的组织绩效测量方法的启发，Wang et al.（2003）尝试通过收益、销售增长率、市场份额、行业中的竞争位置等 7 个方面的指标感知测度企业绩效，该量表也得到了后续研究者的持续应用（Tsui、Wang & Xin，2006；

Wang、Tsui & Xin，2011），此外，Peng 和 Luo（2000）、Gong et al.（2009）以及 Zhang 和 Li（2009）等也应用了类似方法。可以说，在过去一段时间，基于感知测量方法研究中国企业的组织绩效得到了管理学界的较好认可。

8.3　合作社绩效

8.3.1　现有研究思路

合作社作为一种组织法人，自然有其组织绩效。事实上，由于合作社作为市场经营主体的经济属性，基于财务数据的分析方法和评价标准得到西方研究者和实践领域的较多应用（Azzam & Turner，1991；Kenkel、Spence & Gilbert，2002；McKee，2008）。研究者还特别愿意拿合作社与投资所有者企业进行绩效与效率方面的比较，以确认合作社是否有更高的绩效或效率（Fulton & Giannakas，2001；Notta & Vlachvei，2007）。

尽管合作社在产权安排和治理结构等方面可能与普通企业有所不同，而且就理论上而言，合作社可能存在某种程度上的产权和治理缺陷（Nilsson，2001），但大量的实证研究发现，合作社的一些财务绩效指标并没有与普通企业有显著差异，甚至有些合作社的财务指标还要好于普通企业（Lerman & Parliament，1990；Pencavel & Craig，1994；Gentzoglanis，1997）。此外，欧美发达国家合作社的财务绩效数据大致可得，但这种财务数据指标较有缺陷，以此为基础评价合作社绩效可能也并不公平。因为这种评估方法忽略了合作社作为垂直一体化企业（或联盟）的绩效，也忽视了成员层面的收益回报；就数据的可得性而言，目前研究者总体上也欠缺足够的能力去采集并计量分析不同类型的成员和利益相关者的收益，尤其在这些利益相关者还存在明显异质性的情况下（Soboh et al.，2009）。

合作社作为自愿联合的人们所共同拥有和民主控制的企业[①]，其特殊性还在于具有重要的非经济的社会属性和社会价值（Hogeland，2006）。像意大

[①]　*What is a co-operative? International Co-operative Alliance*（ICA），http：//www.ica.coop/coop/index.html

利、瑞典等国家以面向社会福利事业进行社会服务为主要目的的社会合作社的出现(Stryjan,2002;Thomas,2004),更是说明了合作社出色的社会价值。因此,合作社组织作为特殊的企业法人,如果只进行经济绩效的评估,就会低估合作社在社会当中所发挥的实际价值,也就低估了合作社的完整组织绩效。

必须正视的是,对中国的农民专业合作社而言,由于发展时间尚短,合作社的财会人才严重不足,现有财会人员业务素质偏低,再加上合作社领导层对财会制度的不熟悉,大量的农民专业合作社存在财务制度不完善、财务数据违规、失真等现实问题(余艳锋等,2009;陈应侠和黄永安,2009)。再加上前文所指的包括中国在内的东亚国家(地区)获得企业组织客观财务数据信息的诸多困难,可以想见,基于客观财务数据对中国的农民专业合作社进行绩效评价存在着明显缺陷。

所以,本章尝试通过借鉴普通企业领域采用的基于李克特量表的企业绩效感知测量方法研究中国农民专业合作社的绩效问题。

8.3.2　新的测量视角

本章拟采用组织绩效感知测量量表,此量表一方面启发于 Wang et al.(2003)和 Tan 以及 Litsschert(1994)关于企业绩效的感知测量(Perceptual Measures of Firm Performance)构思,另一方面考虑了合作社组织领域的特殊性。本章拟采用的合作社绩效感知测量量表从"合作社自身盈利能力"、"成员凝聚力"、"产品市场知名度"、"为成员服务"、"提高成员收入"、"带动当地产业发展"和"在当地社会影响力"七个维度,外加上"对合作社发展总体评价"来让被访问的合作社理事长回答"在过去两年时间里,样本合作社与省里面其他同产业类型合作社的发展情况"[①]。其测量内容不但包含了"合作社的盈利能力"等最狭隘的财务绩效范畴,也包含了"成员凝聚力"和"产品市场知名度"等运营绩效范畴,还包含了"带动当地产业发展"和"在当地社会影响力"等利益相关者范畴,而且还以相当比重考虑了"为成员服务"和"提高成员收入"等合作社所独有的成员层面绩效范畴。以期利用主观感知量表超越狭

---

① 特别感谢浙江大学中国农村发展研究院郭红东教授为合作社绩效量表设计所提供的指导与帮助。

义财务概念,把握合作社的多功能组织绩效,也克服中国农民专业合作社的真实与完整财务绩效数据获取难题。

此外,"对合作社发展总体评价"的回答则有助于从整体上把握样本合作社的发展绩效水平,也进一步佐证了前面七个维度的合作社绩效测量构思。考虑到5点量表有可能使得被访者将打分集中于3或者4的情况,为使得题项得分更加具有区分度,参照李书玲、韩践和张一弛(2006)、Zhang和Li(2009)以及严进和谢小云(2009)等的同类研究思路,本章采用李克特7点量表,其中"1"代表"最低"、"7"代表"最高"、"4"代表"一般",也即分值越大说明样本合作社在该指标上、在本行业类型中所处位置越靠前,分值越小说明样本合作社在该指标上、在本行业类型中所处位置越靠后。

8.4 合作社绩效影响因素及研究假设

8.4.1 股权结构与合作社绩效

股权结构是合作社和投资者所有企业之间的重要差异因素之一(Notta & Vlachvei,2007)。在西方的传统合作社中,组织所有权仅限于成员惠顾者,剩余回报权不可转移,同时也不可估价等(Chaddad、F. R. & Cook,2003)。正是由于合作社产权的模糊定价,使得合作社存在着产权资本的短缺等问题,最终导致合作社的财务绩效变差等(Lerman & Parliament,1993;Fulton & Giannakas,2001)。或者也可以理解为,虽然股权结构并不是西方合作社获得财务成功的决定性因素,但好的股权结构有助于合作社取得良好的财务绩效。只是必须看到,西方传统合作社股权结构问题的关注重点仍然是其公共产权的改革问题。近些年来西方的传统合作社进行的组织革新也主要通过产权属性改革等方式推进,包括建立外部产权以及推动股权的公共上市等(Bijman & Bekkum,2005)。

中国农民专业合作社的发展,理论上也必须面对合作社的公共产权模糊性,必须考虑确保合作社发展过程中的产权清晰性(张国平,2007;黄珺和朱国玮,2008),但由于中国的农民专业合作社发展时间尚短,合作社的公共资金提取并不多,很多合作社甚至没有公共积累。因此,中国农民专业合作社的公共产权弊病相对而言并不严重。实际上,中国当下的农民专业合作社更加需要关注的产权问题是内部人控制问题,其集中体现为少数核心人员(特别是合作社理事长)占有合作社多数股份(黄胜忠和徐旭初,2008;丁建军,2010)。

由于中国的农民专业合作社在进行盈余分配时,按股份比例进行分配的情况较突出(杜亮亮和金爱武,2010),这就使得占有多数股份的合作社核心成员能够分到更多的经营利润,使得看似具有现实合理性的产权结构背离了合作社的发展初衷(周春芳和包宗顺,2010)。因此,为了更好地把握此种成员资本参与下的产权结构对合作社绩效的影响,非常有必要在上一章通过实证分析发现的合作社核心成员股权集中度较高、普通成员的资本参与较少、理事长所占有的股份额度多、股权制衡度较低的基础上,进一步实证研究合作社股权集中度和制衡度对合作社绩效的影响。

理论上说,核心成员持股对于合作社委托代理问题的减轻和核心成员的能力激励有正向效果。目前国内的相关实证研究也发现较高的股权集中度(理事会或监事会成员总持股比例)对合作社的绩效影响具有正向作用(黄胜忠、林坚和徐旭初,2008;徐旭初和吴彬,2010)。因此就成员资本参与下的股权结构对合作社绩效影响情况而言,本章提出假设 1a:中国农民专业合作社的股权集中度对合作社的绩效具有正向影响。

虽然合作社股权制衡对绩效影响的实证研究还很缺乏,但是结合前文文献综述以及笔者以往的田野调查经验,本章提出假设 1b:中国的农民专业合作社的股权制衡度对合作社的绩效具有负向影响。

8.4.2 惠顾结构与合作社绩效

对于合作社组织独有的惠顾结构问题,从西方国家的发展实践来看,早期那些绩效良好的合作社,其成功发展正是得益于成员尤其是大规模农户成员的惠顾(Anderson & Henehan,2003)。也有学者通过理论模型研究支持了合作社能够成功地以惠顾额返还的形式向生产者分配利润的观点(Royer & Smith,2007)。不过,不容忽视的是,在欧美发达国家的绝大多数合作社中,还没有哪个成员可以拥有足够的惠顾额(比如超过 20%),以实现对合作社的有效控制(Hansmann,1999)。也许正因为此,在西方合作社绩效评价中也有一些研究者考虑到了成员的惠顾额和基于惠顾额返还的范畴(Trechter et al.，1997；Soboh et al.，2009)，但它们始终未能成为合作社绩效测量中的核心变量[①]。

对于中国的农民专业合作社而言，通过合作社进行交易的农产品有部分来自于非成员农户(赵鲲和门炜，2006)，但来自于成员的产品交易在合作社的总交易量中居于主要地位。也即，普通成员不一定扮演着投资者和管理者的角色，但是其基本扮演着惠顾者的角色(孙亚范，2008)。因此，确定合理返利比例是建立合作社良好利益分配机制、确保成员在合作社中的权益的核心与关键(韩洁和薛桂霞，2007；曾明星和杨宗锦，2011)。有理由认为合作社的惠顾结构对于合作社绩效有重要影响。

目前国内可以借鉴的惠顾结构测量指标和测量效果还很少，只有程克群和孟令杰(2011)等少数研究者将"成员与合作社交易额占合作社年经营收入的比例"纳入合作社的绩效变量中进行研究。本书认为，就合作社的惠顾结构而言，一方面，理、监事会成员占有的合作社惠顾额比重并不高，惠顾集中度不高；另一方面，理事长占有的惠顾额与其他理、监事会成员惠顾额的比值较小，惠顾制衡度较高。同时，考虑到合作社的惠顾结构和股权结构在合作社的利润分配中具有重要地位，本章提出以下假设：

假设2a：中国农民专业合作社的惠顾集中度对合作社的绩效具有正向影响。

假设2b：中国农民专业合作社的惠顾制衡度对合作社的绩效具有负向影响。

8.4.3 治理结构与合作社绩效

在合作社组织中，一般认为狭义上的组织治理对合作社的绩效有影响，并且恰当的治理制度安排有利于好的合作社绩效的实现(Turnbull，1995；Chibanda、Ortmann & Lyne，2009)。也正因为合作社治理对合作社绩效有重要影响，国内学者在研究合作社绩效的过程中，也将合作社治理作为核心自变量引入研究。比如，牵头人和理事会就是非常典型的合作社治理结构的核心考虑范畴(徐旭初和吴彬，2010；董晓波，2010)。不过，目前国内的学者在

---

① 其没有成为核心变量或许也跟合作社成员的整体惠顾额数据的难以获得有关。

研究治理机制时往往着眼于更为宽泛的概念思路,股权结构、成员收益分配方式等变量也成了此类研究文献中"治理"概念的题中之意,比如黄胜忠、林坚和徐旭初(2008)以及刘滨、陈池波和杜辉(2009)的研究成果。实证分析结果发现,无论是理事会等核心治理变量,还是股权结构等更宽泛意义上的治理变量,总体上都表现出了对合作社绩效的不同程度影响。

因此,就本书所关心的基于成员参与视角的合作社治理结构安排,也即合作社成员大会和理、监事会年度召开情况对合作社绩效的影响,本章提出假设 3a:中国农民专业合作社的成员大会和理、监事会召开特征对合作社的绩效有显著影响。

尽管有些西方研究者认为,合作社特有的成员参与等民主治理特征并不一定会给合作社的生产率和效率带来负面影响,甚至有可能还会带来一些积极作用(Doucouliagos,1997;Bayo-Moriones et al.,2003),但是,考虑到合作社组织制度的相对特殊性和长期以来受到的制度缺陷质疑,本章提出假设 3b:中国农民专业合作社的成员大会和理、监事会召开特征对合作社绩效影响既有可能是正面的,也有可能是负面的。

8.5　计量分析

8.5.1　样本介绍

本章实证分析所使用的数据一部分同样来自于课题组于 2009 年 7 月至 2009 年 9 月在浙江省和四川省所作的农民专业合作社及其成员等的调查,这部分样本合作社总共 38 家。另外,本章还进一步引入了笔者所具体参与的国家自然科学基金项目于 2011 年 7 月至 2011 年 8 月在浙江省和四川省所作的农民专业合作社调查,此部分进行分析的样本共有 74 家。由于 2009 年和 2011 年调研时样本合作社所填报的信息是 2008 年度和 2010 年度的成本收益情况,如无特别强调,下文的表格也将用 2008 年和 2010 年进行数据信息的年份注明。限于篇幅和为避免赘述,下文重点对 2010 年度样本情况进行详细数据报告,2008 年度的样本情况只报告最终模型分析结果,也用之进一步佐证 2010 年度数据分析结果的稳健性。

8.5.2 分析模型

理论上说,合作社的组织绩效受一系列因素的影响,本章主要关注成员参与视角下的合作社股权、惠顾和治理结构对合作社绩效的影响。因此,本章构建的合作社结构对绩效影响的理论模型为:

$$Performance_i = \alpha Ownership\ Structure_i + \beta Patronage\ Structure_i$$
$$+ \chi Governance\ Structure_i + \mu_i \tag{8.1}$$

其中 $Performance_i$ 表示合作社绩效,$Ownership\ Structure_i$、$Patronage\ Structure_i$ 和 $Governance\ Structure_i$ 分别表示合作社的股权、惠顾和治理结构,α、β 和 χ 是股权、惠顾和治理结构的系数,μ_i 表示误差项,它包含了其他一些影响合作社绩效的因素。

考虑到本章使用的合作社感知绩效评价方法使用李克特 7 点量表,虽然并不是完全意义上的连续变量,但借鉴组织管理学领域中同类研究先例 (Wang et al.,2003;Tsui,Wang & Xin,2006;Gong et al.,2009),笔者认为完全可以尝试使用多元回归方法进行合作社绩效的模型分析。该模型的计量方程设定如下:

$$Y = \beta_0 + \beta_1 X_1 + \beta_2 X_2 + \beta_3 X_3 + \cdots + \beta_{11} X_{11} + \mu \tag{8.2}$$

其中 X_1 和 X_2 分别表示股权结构中的股权集中度和股权制衡度,X_3 和 X_4 分别表示惠顾结构中的惠顾集中度和惠顾制衡度变量,X_5 和 X_6 分别表示治理结构中的成员大会治理、监事会特征,$X_7 \cdots X_{11}$ 分别是合作社的时间、规模、产业和地区产业特征等控制变量,β_i 是模型各自变量的系数,μ 是模型的误差项。

8.5.3 变量说明

8.5.3.1 因变量

正如前文所言,因变量合作社绩效拟采用感知测量方法(使用李克特 7 点量表),本章首先对该变量 2010 年度数据值进行验证性因子分析(CFA),其拟合度指标具体表现为:RMSEA=0.049(<0.08)、CFI=0.984(>0.900)、GFI=0.943(>0.900)、NFI=0.903(>0.900)和 TLI=0.975(>0.900),根据 Finch 和 West(1997)、Cepeda-Benito et al.(2000)和 Moore 和 Fairhurst(2003)等的研究经验,合作社绩效的拟合度指标值可以接受。其次,本章对该变量 7 个题项进行内部一致性信度测定,检测得出合作社绩效感知绩效的克隆巴赫系数(Cronbach's Alpha)值为 0.820(>0.800)。根据 Terziovski 和 Samson(1999)和 Poon(2006)等的研究经验,此信度值可接受。

为了进一步确认该感知测量方法的可靠性,本章还将感知绩效 7 个题项的算术平均值与"对合作社发展总体评价"题项的得分值进行内部一致性信度检验,结果显示该克隆巴赫系数值为 0.852,此信度值亦可接受。

此外,感知绩效测量方法在对中国普通企业的研究中已有了大量应用,但为了克服该方法可能存在的研究缺陷,参照 Wang et al.(2003)的研究思路,本章也根据调研样本数据计算出了合作社的资产收益率(ROA)值,它与合作社感知绩效的相关系数为 0.207(0.077<0.1 显著性水平)。虽然无论是相关系数值还是显著性水平其都弱于 Bae 和 Lawler(2000)和 Wang et al.(2003)的研究报告,但是考虑到合作社所拥有的固定资产要相对弱于普通企业,以及其对合作社的资产收益率值可能造成的影响,所以此相关系数和显著性水平亦在可接受范围之内。这也就意味着,本研究中基于感知测量方法的合作社绩效变量基本值得信任。

8.5.3.2　自变量

(1)股权结构。包含两个变量:股权集中度和股权制衡度,分别用理、监事会成员股份占合作社总股份比例、理事长与其他理、监事会成员持股比值进行测度。

(2)惠顾结构。包含两个变量:惠顾集中度和惠顾制衡度,分别用理、监事会成员惠顾额占合作社总惠顾额比例、理事长与其他理、监事会成员惠顾额比值进行测度。

(3)治理结构。包含两个变量:分别用成员大会召开次数、理、监事会召开次数的差值(理事会减去监事会的召开次数)进行测度。

需要特别强调的是,理事会或者监事会召开次数本身也能反映出合作社理、监事会的特征,但两者之间的差值可能会更好地反映出理、监事会之间的活跃程度差异性,也即差值小(或差值为零)的合作社中监事会要比差值大的合作社中的监事会更为活跃。而监事会的活跃性与监事会的职能发挥之间有着明显的正相关性。因而此值能部分说明成员管理参与下的合作社民主治理特征。

8.5.3.3　其他控制变量

参考 Carter、Simkins、Simpson（2003）、Joh（2003）和 Iannotta、Nocera、Sironi（2007）等研究中的控制变量安排，本章将合作社的时间特征、规模特征以及地区和产业特征作为控制变量纳入分析。具体而言，对于时间特征，本章用合作社的成立年限进行测量；对于规模特征，本章用合作社的成员数和固定资产额进行测量，并且取其自然对数值；对于产业特征，本章划分为种植业和养殖业两大产业类别，分别赋值种植业为 0，养殖业为 1；对于地区特征，本章把四川省设定为参照组。

有关 2010 年度样本合作社自变量的均值和标准差情况如表 8.1 所示。

表 8.1　合作社绩效模型所使用的自变量均值与标准差

	模型变量		均值	标准差
股权结构	股权集中度	理、监事会成员股份占合作社总股份比例（X_1）	0.53	0.28
	股权制衡度	理事长与其他理、监事会成员持股比值（X_2）	0.71	1.16
惠顾结构	惠顾集中度	理、监事会成员惠顾额占总惠顾额比例（X_3）	0.33	0.25
	惠顾制衡度	理事长与其他理、监事会成员惠顾额比值（X_4）	0.39	0.81
治理结构	成员大会特征	成员大会召开次数（X_5）	2.53	1.27
	理、监事会特征	理、监事会召开次数差值（X_6）	1.47	2.94
时间特征	合作社成立年限（X_7）		5.85	2.36
规模特征	合作社成员数（取自然对数）（X_8）		4.91	1.08
	合作社固定资产额（取自然对数）（X_9）		4.51	1.56
产业特征	种植类＝0，养殖类＝1（X_{10}）		0.31	0.47
地区特征	浙江、四川（以四川为参照组）（X_{11}）		0.58	0.50

8.5.4　估计结果

通过 Stata 分析软件对数据进行回归分析，得到表 8.2 的回归分析结果。为确保方程的可靠性，进一步借助 Stata 软件对该回归方程进行是否存在多重共线性的检验、是否存在自变量二次项遗漏的内生性检验和是否存在异方差的检验。其中在多重共线性的检验中，2010 年样本模型的 VIF 均值为 1.27，且自变量的最大 VIF 值为 1.67；2008 年样本模型的 VIF 均值为 1.79，且自变量的最大 VIF 值为 3.20,说明方程的多重共线性问题并不严重。而在内生性和异方差检验中,无论是 2010 年还是 2008 年的样本数据,其统计量的 P 值都大于 0.1 水平,说明两个方程基本可以排除自变量二次项遗漏和异方差问题。

表 8.2 不但报告了基于 2010 年样本的绩效模型分析结果,也报告了基于 2008 年的样本模型分析结果,以尝试通过对同一分析模型引入不同来源的数据,克服可能会有的共同方法偏差问题,也用以检验模型的稳健性。

表 8.2　2010 年和 2008 年的合作社绩效模型的回归分析结果

	模型变量	2010 年样本绩效模型	2008 年样本绩效模型
股权结构	理、监事会成员股份占合作社总股份比例(X_1)	0.760 * * (2.36)	0.850 * * (2.13)
	理事长与其他理、监事会成员持股比值(X_2)	0.028(0.38)	0.003(0.04)
惠顾结构	理、监事会成员惠顾额占总惠顾额比例(X_3)	0.613 * (1.70)	0.922 * (1.73)
	理事长与其他理、监事会成员惠顾额比值(X_4)	0.169(1.56)	0.047(0.29)
治理结构	成员大会召开次数(X_5)	0.101(1.39)	0.010(0.11)
	理、监事会召开次数差值(X_6)	−0.054 * (−1.81)	−0.028(−0.37)
时间特征	合作社成立年限(X_7)	0.071 * (1.70)	0.070(0.80)
规模特征	合作社成员数(取自然对数)(X_8)	0.111(1.37)	−0.017(−0.15)
	合作社固定资产额(取自然对数)(X_9)	−0.008(−0.13)	0.170 * (1.94)
产业特征	种植类＝0,养殖类＝1(X_{10})	−0.215(−1.16)	0.008(0.03)
地区特征	浙江、四川(以四川为参照组)(X_{11})	0.170(0.81)	0.070(0.80)
Constant		3.918 * * * (6.50)	4.245 * * * (5.60)
R^2		0.244	0.526
Adj. R^2		0.110	0.325
F−stat.		1.820 *	2.620 * *
N		74	38

注:括号内为估计系数的 t 值;* 、* * 和 * * * 分别表示在 0.1、0.05 和 0.01 水平下显著。

从表 8.2 基于 2010 年样本数据的绩效模型估计结果中可以看出:

首先,就股权结构而言,理、监事会成员股份占合作社总股份比例(X_1)变量在 0.05 水平下显著，且系数为正；就惠顾结构而言，理、监事会成员惠顾额占总惠顾额比例（X_3）变量在 0.1 水平下显著，系数为正；就治理结构而言，理、监事会召开次数差值（X_6）变量在 0.1 水平下显著，系数也为正。这说明股权集中度和惠顾集中度都对合作社的绩效有正面影响，只是股权集中度对绩效的影响无论是在影响系数上，还是在显著性水平上都大于惠顾集中度；而监事会的更多召开，保持与理事会的同等活动频率，有利于促进合作社的绩效提升。

其次，股权结构中的理事长与其他理、监事会成员持股比值（X_2），惠顾结构中的理事长与其他理、监事会成员惠顾额比值（X_4）变量的不显著，以及其系数为正，说明无论是股权还是惠顾额的制衡不但不能给合作社带来积极的绩效影响，反而可能会对合作社的绩效产生负面的影响。成员大会召开次数（X_5）变量的不显著也说明，目前成员大会对合作社绩效的影响可能有限。

再次，在模型的诸多控制变量中可以看出，合作社成立年限（X_7）变量在 0.1 水平下显著，这说明成立越久的合作社，其绩效可能越好。

为了进一步检验以上分析结果的稳健性，我们也进一步观察基于 2008 年样本数据的绩效模型估计结果，从中可以看出：

其一，就股权结构和惠顾结构而言，2008 年的样本数据保持了和 2010 年样本数据分析结果的总体一致，也即股权和惠顾集中度有利于合作社的绩效提升；股权和惠顾制衡度虽不利于合作社的绩效改善，但这种作用并不显著，因此也进一步说明了股权和惠顾制衡度变量在 2010 年数据分析结果的稳健性。不过稍有变化的是在 2008 年的模型中，惠顾集中度相对股权集中度有着更大的系数，这说明在 2008 年的样本中惠顾集中度相对股权集中度对合作社的绩效影响更为明显。

其二，就治理结构而言，2008 年的样本模型在治理结构的两个变量上都不显著，这与 2010 年的样本分析结果有着一定差异。说明监事会更为频繁的召开对合作社绩效的正面影响还不是很确定，有待新的更大样本量数据的进一步检验，成员大会的更多召开可能对合作社的绩效的正面影响有限。

就控制变量而言，2008 年的样本模型中，合作社成立年限（X_7）变量并不显著，但是合作社固定资产额（取自然对数）（X_9）则在 0.1 水平下显著。比较 2010 年的样本模型，说明合作社的成立时间越长可能并不能有效说明这个合作社就发展得越好；但固定资产的增加有可能可以体现出合作社的绩效水平在提升。

8.5.5　结果讨论

通过以上分析,可以进一步进行如下讨论:

第一,参与集中是否有利于合作社绩效水平的提升?

以上分析结果无疑说明了合作社理、监事会成员的更多持股和更多产品交易有利于推动合作社绩效,即集中度会带来高绩效水平。这背后的深层次含义在于,理、监事会成员在资本和业务水平上的更高水平参与,有利于激发他们管理和经营合作社的热情,克服普通企业中职业经理人常出现的委托代理问题。但是为了促进合作社绩效提升,并不是意味着可以无止境地鼓励提高理、监事会成员的参与程度防止他们持有合作社的所有股份,并且占有所有的惠顾额。

因为就股权集中度而言,第5章已经指出了要鼓励普通成员进行资本参与持股,以防止合作社的剩余利润多数为合作社理、监事会核心成员瓜分。就惠顾集中度而言,除非合作社限定成员规模且封闭成员资格,否则合作社核心成员难以把控惠顾额比重。而且,很多合作社的核心成员往往自己并不生产(比如农村经纪人)或生产规模很小,这也就限制了他们的惠顾集中度水平。这些核心成员非常重视吸引更多成员入社,以扩大产品供给规模满足市场需要,使合作社有更高的盈利水平。

实际上,惠顾集中度会对合作社绩效产生正面影响的原因在于,很多理、监事会成员是生产大户,他们有着规模生产情况下的产品销售压力,因此他们会为了销售自己所生产的农产品而努力推动合作社开拓产品市场,从而推动合作社生产经营水平和整体绩效水平的提高。只是本书还无法就理、监事会成员最佳股权和惠顾集中度比例区间进行判定,此问题有待于以后进一步研究。

至于2008年和2010年样本模型中股权和惠顾集中度系数值的大小不一,也即他们对合作社绩效的影响程度大小可能存在不确定现象,限于实证数据等因素,此问题也有待以后讨论。只是必须得承认,产品要素对于合作社的作用是前提和基础性的,没有产品流量的存在,农民专业合作社就无法生存和立足。但光靠产品要素肯定也不足以满足合作社的生存与发展;合作社的日常生产经营活动,包括行政办公活动等,都需要资本的积累和投入。特别是对于那些想发展壮大的合作社而言,没有资金的充足保障,很难采购到生产、加工设备与进行产品市场营销。因此资金对于合作社而言,也是成长的必备要素。

第二,结构制衡是否有利于合作社绩效水平的提升?

本章中的数据结果显示股权和惠顾制衡变量并不显著,但是其对合作社绩效的影响都呈现负面态势,这似乎预示着要想推动合作社的更好发展,不能削弱合作社理事长在惠顾额尤其是在股份量中所占的比重,也即合作社的发展需要强调公平,确保普通成员的利益,但是不能采取平均主义的管理策略,否则会因为缺乏对能人的正面激励而让组织最终丧失经营效率。这或许也就意味着合作社需要通过给予理事长以足够激励,使得他更愿意为合作社贡献自己的力量。占有一定股权显然是此种激励的核心要义。不过,不可忽视的是,如果放任理事长持股比例和惠顾比例增加,或许会使得其他成员的激励不足,因此如何把握这中间的度,值得后续更进行更加深入地研究。

第三,成员管理参与是否有利于合作社绩效水平的提升?

本章的实证分析结果显示,就"成员大会召开次数(X_5)"和"理、监事会召开次数差值(X_6)"变量而言,成员的管理参与似乎还只能部分体现出其对合作社绩效水平的提升作用。第6章曾经论证了成员管理参与行为对成员收益的影响要弱于成员资本参与和成员业务参与,但成员管理参与行为对成员满意度的影响要强于其对成员收益的影响。也即成员的当家做主虽然并不一定能给成员带去更多的直接经济效益,但是其却更能使得成员因为享有当家做主的感觉而对合作社有着更高的满意度。因此有理由相信,成员的管理参与有利于合作社绩效水平的提升。只是必须得看到本章是在无法找到更合适变量情况下才使用了此替代变量,因此这两个变量具有概念体现的构思效度局限性,也即它们并不能完全体现出成员的管理参与状态。未来需要找到更加合适的管理参与测度指标反映成员的管理参与水平,更加精确地测度成员管理参与下的治理结构对于合作社绩效的影响。

8.6 本章小结

本章在对组织绩效(企业绩效和合作社绩效)进行相关文献综述的基础上,提出了关于合作社绩效的新的测量视角;进而在综述股权、惠顾和治理结构对组织绩效影响有关文献情况下,提出了合作社组织中的相关研究假设;并且通过引入多元回归模型分析了合作社绩效的影响因素分析。分析结果显示,就成员资本参与下的股权结构而言,股权集中有利于合作社绩效水平的提升,均衡持股可能会对合作社绩效有负面作用;就成员业务参与下的惠顾结构而言,惠顾集中有利于合作社绩效水平的提升,均衡惠顾可能会对合作社绩效产生负面作用;就成员管理参与下的治理结构而言,更多的成员大会召开可能有利于合作社绩效水平的提升,监事会的频繁活动也可能会对合作社绩效有正面影响。

总体而言,成员资本和业务参与能够带给成员直接的经济收益,但合作社均衡的股权和治理结构并不利于合作社的绩效提升,这意味着需要成员将一部分资本和惠顾权让渡给核心成员享受,以换得合作社核心成员更加投入经营合作社,推动合作社绩效提升。成员管理参与对合作社绩效的正面作用还不清晰,但是仍然可以认为需要鼓励成员进行管理参与,在合作社治理结构中扮演更为重要的角色,以通过管理参与保障成员在合作社本应享有的股权和业务参与成果,使合作社不丧失其本质规定性。这也就意味着,要想获得好的合作社绩效,需要合作社不盲目推行全方位的平均主义,重点要透过成员的管理参与对合作社核心成员进行监督,决策好合作社的重大事项;同时允许核心成员持有相当股份,占有适度的交易额,以激励核心成员更好地服务于合作社。

不过,本章中反映治理结构的变量还有待精确和细化,以更好地体征成员的管理参与状态;本章所引入的控制变量可能还不够完善,也许还需要引入其他一些控制变量,比如成员的整体参与效果变量[①];而关于合作社绩效感知测量方法的引入还只是一个初步的尝试,虽然测度结果还不错,但是考虑到样本量的有限性,以及该方法在农经领域还属于新鲜事物,因此,不排除其存在系统性测度缺陷的可能性。这些都有待于在以后的研究中进行后续科学研究与改进,此测度方法也有待其他学者的检验、应用和开拓完善。

---

①　该控制变量的引入也许会让模型变得更加复杂和难以被解释,所以本书并没有将之进行考虑。此问题有待笔者和其他学者后续的进一步研究。

9 研究结论、政策启示和本研究局限性

当前许多合作社存在不同程度地为少数核心成员控制、益贫宗旨出现偏离等不良现象,成员参与对于实现合作社的规范治理并确保合作社益贫宗旨的实现有着非常重要的价值。目前理论界对于中国的异质性成员的参与机理及其对合作社结构与绩效的影响等存在着认知不清等问题,使得理论界无法准确指导实务界推进成员参与下的合作社规范治理。鉴于此,本书试图通过引入成员参与的分析视角,解析中国农民群体异质性背景下成员参与(入社)的动机问题,进而阐明基于中国情境的农民专业合作社的成员资本参与、业务参与和管理参与内涵,提出成员参与特征,分析成员参与对成员收益、满意度以及其对合作社结构和绩效的影响。

本书研究得出的一些重要结论具有多方面的政策启示,与此同时,本书也存在一些研究局限。

9.1 研究结论

第一,成员具有差异化的入社动机。具体呈现为:持内部动机者明显多于持外部动机者;持销售导向型动机者稍高于持服务导向型动机者;少数成员持单一型参与(入社)动机,多数成员持多重参与(入社)动机。通过对 309 个样本农户进行的基于二元 Logistic 模型的实证研究发现:持内部动机者属于更爱冒风险,家庭农业净收入占家庭纯收入比重较大,规模生产特征更明显的农户类型;具有服务导向型动机特征的样本其家庭更加倾向于雇佣工人

进行生产,更加有可能拥有农业生产设施或设备,更加具有规模生产特征,并且持服务导向型动机农户具有更高的受教育水平,且更爱冒风险。

第二,成员具有不同程度地业务参与、资本参与和管理参与行为。具体而言,成员在参与合作社运行过程中,不但作为惠顾者(使用者)进行业务参与,作为所有者(投资者)进行资本参与,而且也作为管理者(控制者)进行管理参与。借助 Tobit 模型和多变量 Probit 模型,发现那些在合作社持有股份和与合作社有业务参与的成员能够更加积极地参与合作社管理事务,此类成员的参与行为也最为全面。

第三,成员资本、业务和管理参与行为具有差异化特征,不同的成员参与行为会形成不同的成员参与效果(成员收益和成员满意度)。通过引入路径分析方法发现,成员的积极参与能够带给其更高的经济收益和满意度;相较成员的管理参与行为,成员的资本参与和业务参与更显著影响到了成员的经济收益;成员的管理参与对成员满意度的影响要高于其对成员收益的影响等。

第四,成员资本、业务和管理参与下的合作社组织结构并不均衡,少数核心成员在合作社结构中地位突出。具体表现为:成员资本参与下的合作社在股权结构上面临股权集中度偏高,核心成员占有大量股份,股权制衡度偏低,合作社理事长股东地位突出等问题;成员业务参与下的合作社在惠顾结构上面临惠顾集中度不高,惠顾制衡度较高,合作社核心成员包括理事长的生产者地位不突出等问题;成员管理参与下的合作社在治理结构上面临成员大会召开次数不多,合作社监事会的活跃程度相对弱于理事会,普通成员对合作社影响力有限等问题。通过对不同年份样本的观察,发现合作社在资本和惠顾结构上有相对积极的变化。

第五,成员资本和业务参与下的均衡股权和惠顾结构并不利于合作社绩效的提升,成员广泛管理参与下的治理结构可能会对合作社绩效产生一些正面作用。具体而言,文章引入了新的合作社绩效测量方法并且验证了其合理性,通过引入多元回归模型分析发现,股权集中有利于合作社的绩效水平的提升,均衡持股可能会对合作社绩效产生负面作用;惠顾集中有利于合作社绩效水平的提升,均衡惠顾则有可能对合作社绩效产生负面作用;更多的成员大会召开可能有利于合作社绩效水平的提升,监事会的频繁活动也可能会对合作社绩效有正面影响。

9.2　政策启示

第一,建立合理的吸纳成员入社标准。不随意拉农民入社,制定差异化服务策略服务于各种类型的入社成员。通过此措施,使得入社成员都能积极参与合作社事务,不成为名义成员。为不同特征的成员制定侧重点不同的差异化服务策略,以使得其更加忠诚于合作社,愿意惠顾合作社,从而有利于合作社的整体发展。

第二,鼓励合作社实现成员人人入股,限制合作社理事长等少数核心成员的持股比例上限。比如可以参考浙江省农民专业合作社条例所规定的20%入股比例上限,降低成员间资本参与程度的异质性,使普通成员能够通过入股获得合作社股份分红,但切忌对成员入股推动平均主义策略,在一定时间内要通过以股权为核心的利益让渡,以换取核心成员更好地服务于合作社,推动合作社绩效的提升。

第三,鼓励合作社推行符合法律要求的基于惠顾额和股金的返利,并且制定针对成员与非成员的差异化产品服务策略。吸引成员更高程度地与合作社进行业务参与,培养成员逐渐养成定期返利而不是交易时直接价格改进的方式,促使成员更加关心合作社的经营状况,也促使合作社朝着实体化和企业化经营方向迈进。

第四,鼓励成员进行管理参与,并且透过鼓励成员的资本、业务参与间接促成其进行管理参与。还可以考虑通过设立成员代表以及成立成员代表大会的方式,消除因合作社成员规模扩大而导致的成员管理参与程度下降问题。

第五,通过鼓励成员进行全面参与,确保合作社的核心决策不为少数人左右,促进合作社的民主治理和益贫宗旨的实现;但不盲目在合作社中推行全方位的平均主义,允许核心成员持有相当股份,占有适度的交易额,以激励核心成员更好地服务于合作社。

第六,正视成员的非经济期望与需求。间接培养成员对合作社的忠诚度,促成其提升对合作社的资本、业务和管理参与程度。

第七,政府部门要透过制度化的监督和考评机制迫使合作社核心成员不敢轻易排斥普通成员的参与。这种机制的落实和可持续性需要明文量化到政府部门针对合作社制定的包括规范化建设、示范社评选和项目扶持在内的各种政策措施与红头文件当中,使其具有权威性。并且,最终透过法律(规)修订,制度性地解决成员参与问题。诸如要求人人入股、设立单个成员入股比例上限等就可以考虑作出明确规定,然后透过农村普法教育和合作社成员培训,让更多农民成员认识到成员参与的严肃性和必要性。

9.3 研究局限

笔者努力尝试更为合理的研究设计,以更好展开论述,但是受限于笔者的研究阅历和专业素养,再加上一些客观条件的制约,本书也不免存在一些缺陷,具体如下:

第一,变量的设计和选择还有缺陷。比如关于合作社成员管理参与变量的选择存在着不尽合理之处,使得测量变量无法精确体现概念构思,进而不同程度地影响了文章的核心假设和结论要义。合作社层面可分配盈余情况的系统缺失也是本研究的一大遗憾,使得合作社全体成员参与的整体效果度量失去了一个有利视角。

第二,研究思路与计量模型的匹配还有待提高。比如多变量 Probit 联合估计解决了成员参与行为变量之间的内生性问题,但是这种解决以牺牲变量的等级属性为前提,降低了模型分析结果的解释力。

第三,模型拟合所基于的样本数量和问卷内容等还有待扩充和改进。由于本研究使用的样本数据来自于特定的科研项目,其初始设计服从于项目设计者的研究思路,因此也就意味着所使用数据以及样本规模难以完全符合笔者的研究构思,使本研究不可避免地存在研究设计上的缺陷。

第四,全新的研究构思使研究结论的可靠性还有待检验。比如合作社绩效感知测量方法的引入是一个全新的尝试,因此不排除其存在系统性测度缺陷的可能性,而这显然会影响到本书研究结论的可信度。

参考文献

[1] Adrian, J. L. & Green, T. W. Agricultural cooperative managers and the business environment. *Journal of Agribusiness*, 2001, 19(1), 17 – 33.

[2] Ailawadi, K. L, Dant, R. P. & Grewal, D. *Perceptual and objective performance measures: An empirical analysis of the difference and its impact*. Working Paper, Dartmouth College, 2004.

[3] Allahdadi, F. The level of local participation in rural cooperatives in rural areas of Marvdasht, Iran. *Life Science Journal*, 2011, 8(3), 59 – 62.

[4] Anderson, B. L. Democratic control and cooperative decision making: A conceptual framework. *Journal of Agricultural Cooperation*, 1987, 2, 1 – 15.

[5] Anderson, B. L. & Henehan, B. M. *What gives cooperatives a bad name?* Paper presented at the NCR 194 Meeting, Kansas City, Missouri, 2003.

[6] Anderson, E. W, Fornell, C. & Lehmann, D. R. Customer satisfaction, Market share, and profitability: Findings from Sweden. *The Journal of Marketing*, 1994, 58(3), 53 – 66.

[7] Arcas, N, García, D. & Isidoro, G. Effect of size on performance of Spanish agricultural cooperatives. *Outlook on Agriculture*, 2011, 40(3), 201 – 206.

[8] Arendt, J. N. & Holm, A. *Probit models with binary endogenous regressors*. CAM Working Paper, 2006 – 06.

[9] Arnstein, S. R. A ladder of citizen participation. *Journal of the A-*

merican Planning Association, 1969,35(4), 216 – 224.

[10] Atkinson, A. A, Waterhouse, J. H. & Wells, R. B. A stakeholder approach to strategic performance measurement. *Sloan Management Review*, 1997, 38(3), 25 – 37.

[11] Erdogan, A, Batuhan, G. H, Bayramoglu, L. B. et al. Factors affecting forest cooperative's participation in forestry in Turkey. *Forest Policy and Economics*, 2009, 11(2), 102 – 108.

[12] Austin, P. C, Escobar, M. & Kopec, J. A. The Use of the Tobit Model for Analyzing Measures of Health Status. *Quality of Life Research*, 2000, 9(8), 901 – 910.

[13] Azadi, H, Hosseininia, G, Zarafshani, K. et al. Factors influencing the success of animal husbandry cooperatives: A case study in Southwest Iran. *Journal of Agriculture and Rural Development in the Tropics and Subtropic*, 2010, 111(2), 89 – 99.

[14] Azzam, A. M. & Turner, M. S. Management practices and financial performance of agricultural cooperatives: A partial adjustment model. *Journal of Agricultural Cooperation*, 1991(6), 12 – 21.

[15] Bae, J. & Lawler, J. J. Organizational and HRM strategies in Korea: Impact on firm performance in an emerging economy. *The Academy of Management Journal*, 2000, 43(3), 502 – 517.

[16] Bager, T. Identity problems of Danish consumer cooperatives. *Journal of Consumer Policy*, 1988(11), 223 – 233.

[17] Barham, J. & Chitemi, C. Collective action initiatives to improve marketing performance: Lessons from farmer groups in Tanzania. *Food Policy*, 2009, 34(1), 53 – 59.

[18] Barraud-Didier, V, Henninger, M. C. & Akremi, A. E. The relationship between members' trust and participation in the governance of cooperatives: The role of organizational commitment. *International Food and Agribusiness Management Review*, 2012, 15(1), 1 – 24.

[19] Barton, D. G. FCStone conversion to a public corporation. *Journal*

of Cooperatives, 2009(23), 183 - 202.

[20] Bataille-Chetodel, F. & Huntzinger, F. Faces of governance of production cooperative: An exploratory study of Ten French cooperatives. *Annals of Public and Cooperative Economics*, 2004, 75(1), 89 - 111.

[21] Bayo-Moriones, J. A, Galilea-Salvatierra, P. J, Merino-Díaz, J. et al. *Participation, cooperatives and performance: An analysis of Spanish manufacturing firms. Kato, T (Eds). Advances in the economic analysis of participatory & labor-managed firms*, Emerald Group Publishing Limited, 2003(7), 31 - 56.

[22] Beirne, M. Idealism and the applied relevance of research on employee participation. *Work Employment & Society December*, 2008, 22(4), 675 - 693.

[23] Bekkers, R. Participation in voluntary associations: relations with resources, Personality, and political values. *Political Psychology*, 2005, 26 (3), 439 - 454.

[24] Bénabou, R. & Jean, T. Intrinsic and extrinsic motivation. *Review of Economic Studies*, 2003, 70(3), 489 - 520.

[25] Bernard, T. & Spielman, D. J. Reaching the rural poor through rural producer organizations? A study of agricultural marketing cooperatives in Ethiopia. *Food Policy*, 2009, 34(1), 60 - 69.

[26] Bernard, T, Taffesse, A. S. & Gabre-Madhin, E. Impact of cooperatives on smallholders' commercialization behavior: evidence from Ethiopia. *Agricultural Economics*, 2008, 39(2), 147 - 161.

[27] Bhuyan, S. An Analysis of Dairy Farmer Participation in Cooperatives in the Northeast USA. *A paper presented at rural cooperation in the 21st Century: Lessons from the past, pathways to the future*, an International Workshop, Rehovot, Israel, 2009.

[28] Bhuyan, S. The "people" factor in cooperatives: An analysis of members' attitudes and behavior. *Canadian Journal of Agricultural Economics/Revue canadienne d'agroeconomie*, 2007, 55(3), 275 - 298.

[29] Bijman, J. & Bekkum, O. V. *Cooperatives going public: motives, owner-ship and performance*. International Conference on Economics and Management of networks, EMNet. Budapest, 2005.

[30] Bijman, J. & Verhees, F. *Member or customer? Farmer commitment to supply cooperatives*. Paper presented at the International Conference on the Economics and Management of Networks (EMNet), Limassol, Cyprus, 2011.

[31] Bijman, W. & Hendrikse, G. Growers' Associations and the Stability of VTN/the Greenery. Hendrikse, G. (eds): *Restructuring Agricultural Cooperatives*. Rotterdam: Erasmus University, 2004, 9 – 28.

[32] Birchall, J. *Rediscovering the Co-operative Advantage: Poverty Reduction Through Self-help*. Geneva: ILO, 2003, 1 – 13.

[33] Birchall, J. *The International Co-operative Movement*. Manchester: Manchester University Press, 1997, 199 – 206.

[34] Birchall, J. & Simmons, R. *What motivates members to participate in the governance of consumer co-operatives?* A Study of the Co-operative Group. *Stirling University Research Report* No. 2, 2004b.

[35] Birchall, J. & Simmons, R. What motivates members to participate in co-operative and mutual businesses? A theoretical model and some findings. *Annals of Public and Cooperative Economics*, 2004a, 75(3), 465 – 495.

[36] Blandon, J, Henson, S. & Cranfield, J. Small-scale farmer participation in new agri-food supply chains: Case of the supermarket supply chain for fruit and vegetables in Honduras. *Journal of International Development*, 2009, 21(7), 971 – 984.

[37] Boal, E. Employee Participation or Labor Militancy: Remarks of Ellis Boal before the Commission on the Future of Worker Management Relations. Federal Publications, Paper329, 1994.

[38] Bogetoft, P. & Olesen, H. B. *Influence costs in heterogeneous cooperatives: A formal model of sales distortion*. Annual Meeting of the American Agricultural Economics Association, Montreal, Canada, 2003.

[39] Bravo-Ureta, B. E. & Lee, T. C. Socioeconomic and technical char-

acteristics of New England dairy cooperative members and non-members. *Journal of Agricultural Cooperation*, 1988(3), 12 - 27.

[40] Brenkert, G. G. Freedom, Participation and corporations: The issue of corporate (economic) democracy. *Business Ethics Quarterly*, 1992, 2 (3), 251 - 269.

[41] Burke, B. J. *Cooperatives for "fair globalization"? Indigenous People, cooperatives, and corporate social responsibility in the Brazilian Amazon*. *Latin American Perspectives*, 2010, 3(6), 30 - 52.

[42] Butler, G. *Designing membership structures for large agricultural cooperatives*. *USDA ACS Research Report No*. 75, 1988.

[43] Cabrera, E. F, Ortega, J. &Cabrera, Á. An exploration of the factors that influence employee participation in Europe. *Journal of World Business*, 2003, 38(1), 43 - 54.

[44] Calkins, P. &Ngo, A. The impacts of farmer cooperatives on the well-being of Cocoa producing villages in Côte d'Ivoire and Ghana. *Canadian Journal of Development Studies/Revue canadienne d'études du développement*, 2010, 30(3 —4), 535 - 563.

[45] Cameron, K. S. Effectiveness as paradox: Consensus and conflict in conceptions of organizational effectiveness. *Management Science*, 1986, 32 (5), 539 - 553.

[46] Capon, N, Farley, J. U. & Hoenig, S. Determinants of financial performance: A meta-analysis. *Management Science*, 1990, 36(10), 1143 - 1159.

[47] Carter, D. A, Simkins, B. J. &Simpson, W. G. Corporate governance, board Diversity, and firm value. *Financial Review*, 2003, 38(1), 33 - 53.

[48] Cepeda-Benito, A, Gleavesa, D. H, Fernándezb, M. C. et al. The development and validation of Spanish versions of the state and trait food cravings questionnaires. *Behaviour Research and Therapy*, 2000, 38(11), 1125 - 1138.

[49] Chaddad, F. R. *Both market and hierarchy: Understanding the hybrid nature of cooperatives*. Paper prepared for the International Workshop Rural Cooperation in the 21st Century: Lessons from the Past, Pathways to

the Future, Rehovot, Israel, 2009.

[50] Chaddad, F. R. &.Cook, M. L. *The emergence of non-traditional cooperative structures: Public an private policy*, Paper presented at the NCR-194 Research on cooperatives Annual Meeting, Kansas City, Missouri, 2003.

[51] Chaddad, F. R. &.Cook, M. L. Understanding new cooperative models: An ownership-control rights typology. *Review of Agricultural Economics*, 2004, 26 (3), 348 – 360.

[52] Chang, H. J. Rethinking public policy in agriculture: lessons from history, distant and recent. *Journal of Peasant Studies*, 2009, 36(3), 477 – 515.

[53] Chibanda, M, Ortmann, G. F. &.Lyne, M. C. Institutional and governance factors influencing the performance of selected smallholder agricultural cooperatives in KwaZulu-Natal. *Agrekon*, 2009, 48(3), 293 – 315.

[54] Clarkson, M. B. E. A stakeholder framework for analyzing and evaluating corporate social performance. *The Academy of Management Review*, 1995, 20 (1), 92 – 117.

[55] Clegg, J. Rural cooperatives in China: policy and practice. *Journal of Small Business and Enterprise Development*, 2006, 13(2), 219 – 234.

[56] Coch, L. &.French, J. P. Jr. Overcoming resistance to change. *Human Relations*, 1948(1), 512 – 532.

[57] Coltrain, D. Barton, D. &.Boland, M. *Differences between new generation cooperative and traditional cooperatives*. Arthur Capper Cooperative Center, Kansas State University, May, 2000.

[58] Conge, P. J. Review: The concept of political participation: toward a definition. *Comparative Politics*, 1988, 20(2), 241 – 249.

[59] Connolly, T. Conlon, E. J. &.Deutsch, S. J. Organizational effectiveness: A multiple-constituency approach. *The Academy of Management Review*, 1980, 5 (2), 211 – 217.

[60] Cook, M. L. Cooperative principles and equity financing: A discussion of a critical discussion. *Journal of Agricultural Cooperation*, 1992(7), 99 – 104.

[61] Cook, M. L. The Future of U. S. Agricultural cooperatives: A neo-institutional approach. *American Journal of Agricultural Economics*, 1995, 77(5), 1153 – 1159.

[62] Cook, M. L. The role of management behavior in agricultural cooperatives. *Journal of Agricultural Cooperation*, 1994(9), 42 – 58.

[63] Cook, M. L. &.Iliopoulos, C. Beginning to inform the theory of the cooperative firm: Emergence of the new generation cooperative. *The Finnish Journal of Business Economics*, 1999(4), 525 – 535.

[64] Cook, M. L, Iliopoulos, C. &.Chaddad, F. R. *Advances in cooperative theory since 1990: A review of agricultural economics literature*. Hendrikse, G. W. J(Eds). *Restructuring Agricultural Cooperatives, Rotterdam: Erasmus University Rotterdam*, 2004, 65 – 90.

[65] Cooke, W. N. Employee participation programs, group-based incentives, and company performance: A union-nonunion comparison. *Industrial and Labor Relations Review*, 1994, 47(4), 594 – 609.

[66] Core, J. E, Holthausen, R. W. &.Larcker, D. F. Corporate governance, chief executive officer compensation, and firm performance. *Journal of Financial Economics*, 1999, 51(3), 371 – 406.

[67] Cotton, J. L, Vollrath, D. A, Froggatt, K. L. et al . Employee participation: Diverse forms and different outcomes. *The Academy of Management Review*, 1988, 13(1), 8 – 22.

[68] Cotton, J. L. Participation's effect on performance and satisfaction: A reconsideration of Wagner. *The Academy of Management Review*, 1995, 20(2), 276 – 278.

[69] Craig, B, Pencavel, J, Farber, H. et al . *Participation and productivity: A comparison of worker cooperatives and conventional firms in the plywood industry*. Brookings Papers on Economic Activity. Microeconomics, 1995(1995), 121 – 174.

[70] Crooks, A. *The horizon problem and new generation cooperatives: Another look at minnesota corn processors*. Paper presented at the NCR 194 Meeting,

Kansas City, MO, 2004.

[71] Cross, R. & Buccola, S. Adapting cooperative structure to the new global environment. *American Journal of Agricultural Economics*, 2004, 86 (5), 1254 – 1261.

[72] Dakurah, H. A, Goddard, E. & Osuteye, N. *Attitudes towards and satisfaction with cooperatives in Alberta: A survey analysis*. Paper presented at the American Agricultural Economics Association Annual Meeting, Providence, Rhode Island, 2005.

[73] Dandi, R. *E-mail and direct participation in decision making: A literature review*. International Sociological Association XVth World Congress of Sociology, Brisbane, Australia, 2002.

[74] Deere, C. D. Cooperative development and women's participation in the Nicaraguan agrarian reform. *American Journal of Agricultural Economics*, 1983, 65(5), 1043 – 1048.

[75] Defourney, J, Estrin, S. & Jones, D. C. The effects of workers' participation on enterprise performance: empirical evidence from French cooperatives. *International journal of industrial organization*, 1985, 3(2), 197 – 217.

[76] Deng, H, Huanga, J. K, Xua, Z. G. et al. Policy support and emerging farmer professional cooperatives in rural China. *China Economic Review*, 2010, 21(4), 495 – 507.

[77] Dess, G. G. & Robinson, R. B. Measuring organizational performance in the absence of objective measures: The case of the privately-held firm and conglomerate business unit. *Strategic Management Journal*, 1984, 5(3), 265 – 273.

[78] Devinney, T. M, Devinney, P. J, Yip, G. S. et al. *Measuring organizational performance in management research: A synthesis of measurement challenges and approaches*. Working Paper, Australian Graduate School of Management, 2005.

[79] Donaldson, T. & Preston, L. E. The stakeholder theory of the corporation: Concepts, evidence, and implications. *The Academy of Management Review*, 1995, 20(1), 65 – 91.

［80］Doucouliagos, C. The comparative efficiency and productivity of labor-managed and capital-managed firms. *Review of Radical Political Economics*, 1997, 29(2), 45 – 69.

［81］Doucouliagos, C. Worker participation and productivity in labor-managed and participatory capitalist firms: A meta-analysis. *Industrial and Labor Relations Review*, 1995, 49(1), 58 – 77.

［82］Drehmer, D. E, Belohlav, J. A. & Coye, R. W. An exploration of employee participation using a scaling approach. *Group & Organization Management*, 2000, 25(4), 397 – 418.

［83］Dweck, C. S. & Leggett, E. L. A social-cognitive approach to motivation and personality. *Psychological Review*, 1988, 95(2), 256 – 273.

［84］Estrin, S, Jones, D. C. & Svejnar, J. The productivity effects of worker participation: Producer cooperatives in western economies. *Journal of Comparative Economics*, 1987, 11(1), 40 – 61.

［85］Farrella, C. M. The public manager in 2010: Citizen participation in governance. *Public Money & Management*, 2000, 20(1), 31 – 37.

［86］Feldt, T, Kivimäki, M, Rantala, A. et al. Sense of coherence and work characteristics: A cross-lagged structural equation model among managers. *Journal of Occupational and Organizational Psychology*, 2004, 77(3), 323 – 342.

［87］Finch, J. F. & West, S. G. The investigation of personality structure: Statistical models. *Journal of Research in Personality*, 1997, 31(4), 439 – 485.

［88］Fousekis, P. Spatial price competition between cooperatives under Hotelling Smithies conjectures. *Agricultural Economics Review*, 2011, 12(2), 25 – 15.

［89］Frankel, E. G. *Organizational Effectiveness and Performance Quality Decision Management-The Heart of Effective Futures-Oriented Management*. Dordrecht: Springer, 2009, 43 – 47.

［90］Freeman, R. B. & Kleiner, M. M. Who benefits most from employee involvement: Firms or workers. *The American Economic Review*, 2000, 90(2), 219 – 223.

[91] Fulton, J. R. &Adamowicz, W. L. Factors that influence the commitment of members to their cooperative organization. *Journal of Agricultural Cooperation*, 1993(8), 39 – 53.

[92] Fulton, M. Cooperatives and member commitment. *Finnish Journal of Business Economics*, 1999, 48(4), 418 – 437.

[93] Fulton, M. *New generation co-operatives*. University of Saskatchewan, Saskatoon, SK, 2000.

[94] Fulton, M. &Giannakas, K. Organizational commitment in a mixed oligopoly: agricultural cooperatives and investor-owned firms. *American Journal of Agricultural Economics*, 2001, 83(5), 1258 – 1265.

[95] Fulton, M. &Giannakas, K. Organizational commitment in a mixed oligopoly: Agricultural cooperatives and investor-owned firms. *American Journal of Agricultural Economics*, 2001, 83(5), 1258 – 1265.

[96] Gadzikwa, L, Lyne, M. C. &Hendriks, S. L. Horizontal coordination and free-riding in a group of certified organic crop growers: An empirical study of the Ezemvelo Farmers' Organization in KwaZulu-Natal, South Africa. *African Journal of Agricultural and Resource Economics*, 2007, 1 (2), 129 – 144.

[97] Galdeano-Gómez, E, Céspedes-Lorente, J. &Rodríguez-Rodríguez, M. Productivity and environmental performance in marketing cooperatives: An analysis of the Spanish horticultural sector. *Journal of Agricultural Economics*, 2006, 57(3), 479 – 500.

[98] Gall, R. G. &Schroder, B. Agricultural producer cooperatives as strategic alliances. *International Food and Agribusiness Management Review*, 2006, 9(4), 26 – 44.

[99] Garnevska, E, Liu, G. Z. &Shadbolt, N. M. Factors for successful development of farmer cooperatives in northwest China. *International Food and Agribusiness Management Review*, 2011, 14(4), 69 – 84.

[100] Gastil, J. &Xenos, M. Of attitudes and engagement: clarifying the reciprocal relationship between civic attitudes and political participation.

Journal of Communication, 2010, 60(2), 318 – 343.

[101] Gaul, C, Malcherczyk, A, Schmidt, T. et al. *Motivation of patients to participate in clinical trials*. An Explorative Survey. Medizinische Klinik, 2010, 105(2), 73 – 79.

[102] Gentzoglanis, A. Economic and financial performance of co-operatives and investor-owned firms: An empirical study. Nilsson, J. &Dijk, G. V. (Eds) *Strategies and Structures in the Agro-Food Industries*, Assen: Van Gorcum, 1997, 171 – 182

[103] Gentzoglanis, A. *Regulation, Governance and Capital Structure in Cooperatives*. Karantininis, K. &Nilsson, J. *Vertical Markets and Cooperative Hierarchies*. Dordrecht: Springer, 2007, 151 – 167.

[104] Ghalayini, A. M. &Noble, J. S. The changing basis of performance measurement. *International Journal of Operations &Production Management*, 1996, 16(8), 63 – 80.

[105] *Global Corporate Governance Forum. Proceedings Report: Corporate Governance and Co-operatives, Peer Review Workshop*, London, 2007.

[106] Goldfrank, B. Deepening democracy through citizen participation? A comparative analysis of three cities. *American Political Science Association Annual Meeting*, Washington DC, 2001.

[107] Golovina, S. &Nilsson, J. *Russian Agricultural Producers' Changing Attitudes towards Top-Down Organized Cooperatives. Contribution to the International Workshop "Rural Cooperation in the 21st Century: Lessons from the Past, Pathways to the Future"*, Rehovot, Israel, 2009.

[108] Gong, Y. P, Law, K. S, Chang, S. et al. Human resources management and firm performance: The differential role of managerial affective and continuance commitment. *Journal of Applied Psychology*, 2009, 94(1), 263 – 275.

[109] Gray, T. W, Wissman, R. A, Kraenzle, C. A. et al. *Dairy farmers' participation in cooperatives. United States department of agriculture*, ASC Research Report no. 86, 1990.

[110] Gray, T. W. &.Kraenzle, C. A. *Member participation in agricultural cooperatives: a regression and scale analysis*. Research Report 165, Rural Business-Cooperative Service, United States Department of Agriculture, Washington, D. C. , 1998.

[111] Griffin, J. J. &.Mahon, J. F. The corporate social performance and corporate financial performance debate: Twenty-five years of incomparable research. *Business Society*, 1997, 36(1), 5 – 31.

[112] Hakelius, K. Cooperative values-farmers' cooperatives in the minds of the farmers. Uppsala: The Swedish University of Agricultural Sciences, *Department of Economics*, 1996, Dissertations 23, 184 – 191.

[113] Hansmann, H. Cooperative firms in theory and practice. *Finish Journal of Business Economics*, 1999(4), 387 – 403.

[114] Harber, D, Marriott, F. &.Idrus, N. Employee participation in TQC: An integrative review. *International Journal of Quality & Reliability Management*, 1991, 8(5), 24 – 34.

[115] Hardesty, S. D. &.Salgia, V. D. *Are agricultural cooperatives effective competitors*. Rural Cooperatives Center, University of California, Davis, Department of Agricultural and Resource Economics, 2005.

[116] Harris, A, Stefanson, B. &.Fulton, M. New generation cooperatives and cooperative theory. *Journal of Cooperatives*, 1996(11), 15 – 28.

[117] Hars, A. &.Ou, S. S. Working for free? Motivations for participating in open-source projects. *International Journal of Electronic Commerce*, 2002, 6 (3), 25 – 39.

[118] Harter, J. K, Schmidt, F. L, Hayes, T. L. et al. Business-unit-level relationship between employee satisfaction, employee engagement, and business outcomes: A meta-analysis. *Journal of Applied Psychology*, 2002, 87 (2), 268 – 279.

[119] Hellin, J, Lundy, M. &.Meijer, M. Farmer organization, collective action and market access in Meso—America. *Food Policy*, 2009, 34(1), 16 – 22.

[120] Helmberger, P. G. &.Hoos, S. Cooperative enterprise and organi-

zation theory. *Journal of Farm Economics*, 1962(44), 275 – 290.

[121] Hendrikse, G. *Challenges facing Agricultural Cooperatives: Heterogeneity and Consolidation*. Bahrs, E. et al(eds.), Unternehmen im Agrarbereich vor neuen Herausforderungen. Münster Hiltrup, 2006, 31 – 41.

[122] Hendrikse, G. *Restructuring Agricultural Cooperatives*. Rotterdam: ErasmusUniversity, 2004, 5 – 8.

[123] Hendrikse, G. *Two Vignettes Regarding Boards in Cooperatives versus Corporations. Karantininis*, K. &Nilsson, J (Eds). Vertical Markets and Cooperative Hierarchies. Dordrecht: Springer, 2007, 137 – 150.

[124] Hendrikse, G. W. J. *Contingent control rights in agricultural cooperatives*. Theurl, T. &Meijer, E. C. (eds). Strategies for cooperation. Shaker Verlag, Aachen, 2005, 385 – 394.

[125] Hendrikse, G. W. J. &Veerman, C. P. Marketing cooperatives: An incomplete contracting perspective. *Journal of Agricultural Economics*, 2001, 52 (1), 53 – 64.

[126] Hendrikse, G. &Van Oijen, A. *Diversification and corporate governance*. ERIM Report Series Reference No. ERS-2002-48-ORG, 2002.

[127] Hendrikse, G. Governance of chains and networks: A research agenda. *Journal on Chain and Network Science*, 2003, 3(1), 1 – 6.

[128] Henri, J. F. Performance measurement and organizational effectiveness: bridging the gap. *Managerial Finance*, 2004, 30(6), 93 – 123.

[129] Hernandez, S. Striving for control: Democracy and oligarchy at a Mexican cooperative. *Economic and Industrial Democracy*, 2006, 27(1), 105 – 35.

[130] Hind, A. M. The changing values of the cooperative and its business focus. *American Journal of Agricultural Economics*, 1997, 79(4), 1077 – 1082.

[131] Hogeland, J. A. The economic culture of U. S. agricultural cooperatives. *Culture & Agriculture*, 2006, 28(2), 67 – 79.

[132] Holloway, G, Ehui, S. &Teklu, A. Bayes estimates of distance-to-market: transactions costs, cooperatives and milk-market development in the Ethiopian highlands. *Journal of Applied Econometrics*, 2008, 23(5), 683 – 696.

[133] Holmes, M, Walzer, N. & Merrett, C. D. New generation cooperatives: Case studies-Expanded 2001. *Illinois Institute for Rural Affairs*, Macomb, 2001.

[134] Hudson, D. & Herndon, C. W. Factors influencing probability and frequency of participation in merger and partnership activity in agricultural cooperatives. *Agribusiness*, 2002, 18(2), 231 – 246.

[135] Hynes, S. & Garvey, E. Modelling farmers' participation in an agri-environmental scheme using panel data: An application to the rural environment protection scheme in Ireland. *Journal of Agricultural Economics*, 2009, 60(3), 546 – 562.

[136] Iacobucci, D. Structural equations modeling: Fit Indices, sample size, and advanced topics. *Journal of Consumer Psychology*, 2010(20), 90 – 98.

[137] Iannotta, G, Nocera, G. & Sironi, A. Ownership structure, risk and performance in the European banking industry. *Journal of Banking & Finance*, 2007, 31(7), 2127 – 2149.

[138] Irvin, R. A. & Stansbury, J. Citizen participation in decision making: Is it worth the effort. *Public Administration Review*, 2004, 64(1), 55 – 65.

[139] Jacobson, R. Unobservable effects and business performance. *Marketing Science*, 1990, 9(1), 74 – 85.

[140] Jaime, M. M. & Salazar, C. A. Participation in organizations, technical efficiency and territorial differences: a study of small wheat farmers in Chile. *Chilean Journal of Agricultural Research*, 2011, 71(1), 104 – 113.

[141] Jerker, N. Organisational principles for co-operative firms. *Scandinavian Journal of Management*, 2001, 17(3), 329 – 356.

[142] Jia, X. P. & Huang, J. K. Contractual arrangements between farmer cooperatives and buyers in China. *Food Policy*, 2011, 36(5), 656 – 666.

[143] Jin, S. & Zhou, J. Adoption of food safety and quality standards by China's agricultural cooperatives. *Food Control*, 2011, 22(2), 204 – 208.

[144] Joh, S. W. Corporate governance and firm profitability: evidence from Korea before the economic crisis. *Journal of Financial Economics*,

2003,68(2),287 – 322.

[145] Jones, D. C. The productivity effects of worker directors and financial participation by employees in the firm: The case of British retail cooperatives. *Industrial and Labor Relations Review*, 1987, 41(1), 79 – 92.

[146] Jones, D. C. &Pliskin, J. L. *The effects of worker participation, employee ownership and profit sharing on economics performance: A partial review*. Levy Economics Institute Working Paper, No. 13, 1988.

[147] Jones, D. C. &Svejnar, J. Participation, profit sharing, worker ownership and efficiency in Italian producer cooperatives. *Economica*, 1985, 52(208), 449 – 465.

[148] Jones, D. C, Jussila, I. &Kalmi, P. *What determines membership in co-operatives? A new framework and evidence from banks*. Working Paper 09, Department of Economics, Hamilton College, Clinton NY, 2009.

[149] Jones, D. C, Kalmi, P. &Kauhanen, A. How does employee involvement stack up? The effects of human resource management policies on performance in a retail firm. *Industrial Relations: A Journal of Economy and Society*, 2010, 49(1), 1 – 21.

[150] Jussila, I. &Goel, S. *Cooperation and conflict: Four perspectives on governance of co-operatives*. Paper presented at the 13th Conference of the International Association for the Economics of Participation, Mondragon, Spain, 2006.

[151] Kalogeras, N, Pennings, J. M. E, Kuikman, J. et al. *Is the ownership structure model a decisive determinant of cooperatives' financial success? A Financial Assessment*. Selected Paper prepared for presentation at the Agricultural & Applied Economics Association's 2011 AAEA &NAREA Joint Annual Meeting, Pittsburgh, Pennsylvania, 2011.

[152] Kalogeras, N, Pennings, J. M. E. &Van, I. A. Understanding heterogeneous preferences of cooperative members. *Agribusiness*, 2009, 25(1), 90 – 111.

[153] Karantininis, K. &Angelo, Z. Endogenous membership in mixed

duopsonies. *American Journal of Agricultural Economics*, 2001, 83 (5), 1266 – 1272.

[154] Katz, J. P. &-Boland, M. A. *One for all and all for one? A new generation of co-operatives emerges*. Long Range Planning, 2002(35), 73 – 89.

[155] Kenkel, P. L, Spence, B. &-Gilbert, A. *Post merger financial performance of oklahoma cooperatives*. Department of Agricultural Economics, Oklahoma State University, NRC—194 Select Paper, 2002.

[156] Kim, S. Participative management and job satisfaction: Lessons for management leadership. *Public Administration Review*, 2002, 62(2), 231 – 241.

[157] King, R. P. The future of agricultural cooperatives in north America: Discussion. *American Journal of Agricultural Economics*, 1995, 77(5), 1160 – 1161.

[158] Lang, M, Castanias, R. &-Cook, M. L. *Ownership, financial instruments, and control of U. S. and selected european co-operatives*. University of California Center for Co-operatives, Working Paper Series No. 11, 2001.

[159] Langerak, F. P, Verhoef, P. C, Verlegh, P. W. J. et al. The effect of members' satisfaction with a virtual community on member participation. *ERIM Report Series Research in Management*. Rotterdam: Erasmus University, 2003.

[160] Lapar, M. L. A, Binh, V. T, Son, N. T. et al. *The role of collective action in overcoming barriers to market access by smallholder producers: Some empirical evidence from northern Vietnam*. Research Workshop on Collective Action and Market Access for Smallholders, Cali, Colombia, 2006.

[161] Laursen, C. V, Karantininis, K. &-Bhuyan, S. *Organizational characteristics and member participation in agricultural cooperatives: Evidence from modern Danish cooperatives*. Paper submitted to the Seminar: The Role of the Cooperatives in the European Agro-food System, Bologna, 2008.

[162] Lawler, E. E. III. *Choosing an involvement strategy*. The Academy of Management Executive (1987—1989), 1989, 2(3), 197 – 204.

[163] Ledford, G. E. J. &-Lawler, E. E. I. Research on employee partici-

pation: Beating a dead horse. *The Academy of Management Review*, 1994, 19(4), 633 – 636.

[164] Leighley, J. E. Attitudes, opportunities and incentives: A field essay on political participation. *Political Research Quarterly*, 1995, 48(1), 181 – 209.

[165] Lerman, Z. & Parliament, C. Comparative performance of cooperatives and investor-owned firms in US food industries. *Agribusiness*, 1990, 6 (6), 527 – 540.

[166] Lerman, Z. & Parliament, C. Financing growth in agricultural cooperatives. *Review of Agricultural Economics*, 1993, 15(3), 431 – 441.

[167] Lewin, A. Y. & Minton, J. W. Determining organizational effectiveness: Another look and an Agenda for research. *Management Science*, 1986, 32(5), 514 – 538.

[168] Liebrand, C. B. *Measuring the performance of agricultural cooperatives*. USDA Rural Development, Rural Business and Cooperative Programs, Research Report 213, 2007.

[169] Lin, W. Antecedents of employee involvement with the comparative model. *Quality & Quantity*, 2010, 44(3), 459 – 482.

[170] Logue, J. & Yates, J. *Productivity in cooperatives and worker-owned enterprises: Ownership and participation make a difference*. Background paper for the World Employment Report 2004—05, Geneva: ILO, 2005.

[171] Lu, H. L, Trienekensb, J. H, Omtab, S. W. F. et al. Guanxi networks, buyer-seller relationships and farmers' participation in modern vegetable markets in China. *Journal of International Food & Agribusiness Marketing*, 2010, 22 (1/2), 70 – 93.

[172] MacCallum, R. C. & Austin, J. T. Applications of structural equation modeling in psychological research. *Annual Review of Psychology*, 2000 (51), 201 – 226.

[173] Makadok, R. & Coff, R. Both market and hierarchy: an incentive-systems theory of hybrid governance forms. *The Academy of Management*

Review, 2009, 34(2), 297 – 319.

[174] Manna, D. R. Strategic aspects of the importance of employee management. *Journal of Diversity Management*, 2008, 3(1), 1 – 6.

[175] Markelova, H, Meinzen-Dick, R, Hellin, J. et al. Collective action for smallholder market access. *Food Policy*, 2009(34), 1 – 7.

[176] Maslow, A. H. A theory of human motivation. *Psychological Review*, 1943, 50(4), 370 – 396.

[177] McCall, J. J. Employee voice in corporate governance: A defense of strong participation rights. *Business Ethics Quarterly*, 2001, 11(1), 195 – 213.

[178] McDonald, J. F. & Moffitt, R. A. The uses of tobit analysis. *The Review of Economics and Statistics*, 1980, 62(2), 318 – 321.

[179] McFadden, D. Economic choices. *American Economic Reviews*, 2001, 91(3), 351 – 378.

[180] McFadden, D. & Train, K. Mixed MNL models of discrete response. *Journal of Applied Econometrics*, 2000, 15(5), 447 – 470.

[181] McKee, G. The financial performance of north Dakota grain marketing and farm supply cooperatives. *Journal of Cooperatives*, 2008(21), 15 – 34.

[182] Miller, K. I. & Monge, P. E. Participation, satisfaction and productivity: A meta-analytic review. *Academy of Management Journal*, 1986, 29 (4), 727 – 753.

[183] Minguez-Vera, A, Martin-Ugedo, J. F. & Arcas-Lario, N. Agency and property rights theories in agricultural cooperatives: evidence from Spain. *Spanish Journal of Agricultural Research*, 2010, 8 (4), 908 – 924.

[184] Mishra, A. K, Tegegne, F. & Sandretto, C. L. The impact of participation in cooperatives on the success of small farms. *Journal of Agribusiness*, 2004, 22(1), 31 – 48.

[185] Moore, M. & Fairhurst, A Marketing capabilities and firm performance in fashion retailing. *Journal of Fashion Marketing and Management*, 2003, 7(4), 386 – 397.

[186] Mudambi, R. & Nicosia, C. Ownership structure and firm perform-

ance: evidence from the UK financial services industry. *Applied Financial Economics*, 1998, 8(2), 175 – 180.

[187] Ng, C. W. & Ng, E. Balancing the democracy dilemmas: Experiences of three women workers' cooperatives in Hong Kong. *Economic and Industrial Democracy*, 2009, 30(2), 182 – 206.

[188] Nilsson, J. Co-operative organisational models as reflections of the business environments. *The Finnish Journal of Business Economics*, 1999 (4), 449 – 470.

[189] Nilsson, J. Organisational principles for co-operative firms. *Scandinavian Journal of Management*, 2001, 17(3), 329 – 356.

[190] Nilsson, J. The emergence of new organizational models for agricultural cooperatives. *Swedish Journal of Agricultural Research*, 1998, 28 (1), 39 – 47.

[191] Nilsson, J. & Germundsson, P. *A new generation cooperative of old days: An analysis of a starch potato cooperative*. Kirk, M, Kramer, J. W. & Steding, R. (Hrsg.). Genossenschaften und Kooperation in einer sich Wandelnden Welt, Festschrift für Prof. Dr. Hans-H. Münkner sum 65. Geburtstag. LIT Verlag, Münster, 2000.

[192] Nilsson, J. & Ohlsson, C. The New Zealand dairy cooperatives' adaptation to changing market conditions. *Journal of Rural Cooperation*, 2007, 35 (1), 43 – 70.

[193] Notta, O. & Vlachvei, A. Performance of cooperatives and investor-owned firms: The case of the Greek dairy industry. Karantininis, K. & Nilsson, J. (Eds). *Vertical Markets and Cooperative Hierarchies*. Dordrecht: Springer, 2007, 275 – 285.

[194] Olesen, H. B. The horizon problem reconsidered. Karantininis, K. & Nilsson, J. (Eds) *Vertical Markets and Cooperative Hierarchies*. Dordrecht: Springer, 2007, 245 – 253.

[195] Oliver, H. & John, M. The governance of exchanges: Members' cooperatives versus outside ownership. *Oxford Review of Economic Poli-*

cy, 1996, 12(4), 53 - 69.

[196] Österberg, P. &.Nilsson, J. Members' perception of their participation in the governance of cooperatives: the key to trust and commitment in agricultural cooperatives. *Agribusiness*, 2009, 25(2), 181 - 197.

[197] Ozdemir, G. Cooperative-shareholder relations in agricultural cooperatives in Turkey. *Journal of Asian Economics*, 2005, 16(2), 315 - 325.

[198] Paula, C. &.João, R. *The Portuguese agricultural credit cooperatives governance model*. In 1st International CIRIEC Research Conference on the Social Ecomony. Victória, 2007, 1 - 27.

[199] Pencavel, J. &.Craig, B. The empirical performance of orthodox models of the firm: Conventional firms and worker cooperatives. *Journal of Political Economy*, 1994, 102(4), 718 - 744.

[200] Peng, M. W. &.Luo, Y. Managerial ties and firm performance in a transition economy: The nature of a micro-macro link. *The Academy of Management Journal*, 2000, 43(3), 486 - 501.

[201] Perotin, V. &.Robinson, A. Employee participation and equal opportunities practices: Productivity effect and potential complementarities. *British Journal of Industrial Relations*, 2000, 38(4), 557 - 583.

[202] Petersen, C. H. The economic role and limitations of cooperatives: An investment cash flow derivation. *Journal of Agricultural Cooperation*, 1992(7), 61 - 78.

[203] Pezzini, E. *Cooperatives, good companies 'by definition'*?. 6th International Conference on Catholic Social Thought and Management Education: The Good Company-Catholic Social Thought and Corporate Social Responsibility in Dialogue, Pontifical University of St. Thomas, Rome, 2006.

[204] Pimbert, M. &.Wakeford, T. Overview: Deliberative democracy and citizen empowerment. *Participatory Learning and Action Notes*, 2001 (40), 23 - 28.

[205] Pinto, A. C. agricultural cooperatives and farmers organizations-role in rural development and poverty reduction. *Swedish Cooperative Centre*, 2009.

[206] Poon, J. M. L. Effects of self-concept traits and entrepreneurial orientation on firm performance. *International Small Business Journal*, 2006, 24(1), 61 – 82.

[207] Porter, P. K. & Scully, G. W. Economic efficiency in cooperatives. *The Journal of Law and Economics*, 1987, 30(2), 489 – 512.

[208] Pozzobon, D. M. *Three studies on farmer cooperatives: heterogeneity, member participation and democratic decision making*. College School of Economics, Business and Accounting, University of São Paulo, 2011.

[209] Pozzobon, D. & Filho, C. *In search of cooperative governance: a Brazilian agricultural co-op case study*. VI International PENSA Conference, Ribeirao Preto, 2007.

[210] Preston, L. E. & Post, J. E. The third managerial revolution. *The Academy of Management Journal*, 1974, 17(3), 476 – 486.

[211] Pun, K. F, Chin, K. S. & Gill, R. Determinants of employee involvement practices in manufacturing enterprises. *Total Quality Management*, 2001, 12(1), 95 – 109.

[212] Reyburn, S. W. Discussion of employee participation in ownership. *Proceedings of the Academy of Political Science in the City of New York*, 1925, 11(3), 119 – 127.

[213] Reynolds, B. J. *Decision-making in cooperatives with diverse member interests*. United States Department of Agriculture RBS Research Report No. 155, 1997.

[214] Reynolds, B. J, Gray, T. W. & Kraenzle, C. A. *Voting and representation systems in agricultural cooperatives*. RBS Research Report No. 156, 1997.

[215] Richard, M. R. & Deci, E. L. Intrinsic and extrinsic motivations: classic definitions and new directions. *Contemporary Educational Psychology*, 2000, 25(1), 54 – 67.

[216] Richard, P. J, Devinney, T. M, Yip, G. S. et al. Measuring organizational performance: Towards methodological best practice. *Journal of*

Management, 2009, 35(3), 718 - 804.

[217] Roberto, M. E. & Lyssenko, N. Correcting for the endogeneity of pro-environment behavioral choices in contingent valuation. *Ecological Economics*, 2011, 70(8), 1435 - 1439.

[218] Roger, S, Chris, C. & Mike, A. The governance challenges of social Enterprises: Evidence from a UK empirical study. *Annals of Public and Cooperative Economics*, 2009, 80(2), 247 - 273.

[219] Rola-Rubzen, M. F. & Hardaker, J. B. *Improving market access for smallholders: challenges and opportunities*. Paper presented to the to 50th Annual Conference of the Australian Agricultural and Resource Economics Society, Sydney, 2006.

[220] Royer, J. S. & Smith, D. B. Patronage refunds, producer expectations, and optimal pricing by agricultural cooperatives. *Journal of Cooperatives*, 2007(20), 1 - 16.

[221] Ruben, R. *Cooperatives in the supply chains endogenous organizational responses to global markets*. Paper presented at conference adding Value to the Agro-Food Supply Chain in the Future Euromediterranean Space, Barcelona, 2007.

[222] Salazar, I. & Gorriz, C. G. Determinants of the differences in the downstream vertical integration and efficiency implications in agricultural cooperatives. *The B. E. Journal of Economic Analysis & Policy*, 2011, 11(1), 11.

[223] Salvioni, C, Sciulli, D. & Parodi, G. Do caring services affect off-farm work? evidence from Italy. *Agricultural Economics Review*, 2008, 9 (2), 42 - 53.

[224] Schlüter, S. *Motivation and participation in irrigation management in Thailand*. Institute of technology in the Tropics (eds.), Technology Resource Management & Development-Congress Wasser Berlin 2006 Integrated Water Resource Management in Africa, Asia and Latin America, Cologne: Fachhochsch, 2006, 63 - 74.

[225] Schonfeld, W. R. The meaning of democratic participation. *World*

Politics, 28, 1975, 28(1), 134 – 158.

[226] Schrader, L. F. Equity capital and restructuring of cooperatives as investor-oriented firms. *Journal of Agricultural Cooperation*, 1989 (4), 41 –53.

[227] Sexton, R. J. Imperfect competition in agricultural markets and the role of cooperatives: A spatial analysis. *American Journal of Agricultural Economics*, 1990, 72(3), 709 – 720.

[228] Sexton, R. J. & Iskow, J. What do we know about the economic efficiency of cooperatives: An evaluative study. *Journal of Agricultural Cooperation*, 1993(8), 15 – 27.

[229] Sexton, R. & Iskow, J. Factors critical to the success or failure of emerging agricultural cooperatives. *Giannini Foundation Information Series* No. 88—3, Department of Agricultural Economics, University of California-Davis, CA. 1988.

[230] Shaw, L. *Overview of corporate governance issues for co-operatives*. Discussion paper commissioned by the Global Corporate Governance Forum for the Working meeting on Corporate Governance and Co-operatives, London, 2007.

[231] Shetzer, L. A social information processing model of employee participation. *Organization Science*, 1993, 4(2), 252 – 268.

[232] Sidorenko, A. *Empowerment & Participation in policy action on ageing. UN program on ageing*. Paper presented at the International Design for All Conference 2006, Rovaniemi. Finland, 2006.

[233] Sigismondo, B. N. *Culture and relational contracts in Brazil's agribusiness cooperatives*. Paper presented at the XXI International Co-operatives Research Conference on The Contribution of Co-operatives to Community Culture, University College Cork, Ireland, 2005.

[234] Sit, C. H. P. & Lindner, K. J. Situational state balances and participation motivation in youth sport: A reversal theory perspective. *British Journal of Educational Psychology*, 2006, 76(2), 369 – 384.

[235] Smith, B. L. *Public policy and public participation: Engaging citizens and community in the development of public policy.* Produced for the Population and Public Health Branch, Atlantic Regional Office, Health Canada, 2003.

[236] Soboh, R, Lansink, A. O. &Dijk, G. V. Efficiency of cooperatives and investor owned firms revisited. *Journal of Agricultural Economics*, 2012, 63(1), 142 – 157.

[237] Soboh, R. A. M. E, Lansink, A. O, Giesen, G. et al. Performance measurement of the agricultural marketing cooperatives: The gap between theory and practice. *Review of Agricultural Economics*, 2009, 31(3), 446 – 469.

[238] Spear, R. Governance in democratic member-based organisations. *Annals of Public and Cooperative Economics*, 2004, 75(1), 33 – 60.

[239] Spector, P. E. Perceived control by employees: A meta-analysis of studies concerning autonomy and participation at work. *Human Relations*, 1986, 39(11), 1005 – 1016.

[240] Sporleder, T. &Zeuli, K. *Evaluating producer investment and risk in new generation cooperatives using real options.* Paper presented at the World Congress of the International Food and Agribusiness Management Association, Chicago, Illinois, 2000.

[241] Staatz, J. M. *Farmer cooperative theory: Recent developments.* ACS Research Report No. 84, Washington D. C. : U. S. Department of Agriculture, Agricultural, 1989.

[242] Steers, R. M. Problems in the measurement of organizational effectiveness. *Administrative Science Quarterly*, 1975, 20(4), 546 – 558.

[243] Stockbridge, M, Dorward, A. &Kydd, J. *Farmer organizations for market access: A briefing paper.* WyeCollege, University of London, UK, 2003.

[244] Stryjan, Y. *Social cooperatives in Sweden: Etudes in entrepreneurship.* Working Paper, Södertörns högskola, Huddinge, 2002.

[245] Sykuta, M. E. &Cook, M. L. A new institutional economics ap-

proach to contracts and Cooperatives. *American Journal of Agricultural E-conomics*, 2001, 83(5), 1273 – 1279.

[246] Tainio, R. Strategic change in the evolution of cooperatives. *The Finnish Journal of Business Economics*, 1999(4), 484 – 490.

[247] Tan, J. J. &·Litsschert, R. J. Environment-strategy relationship and its performance implications: An empirical study of the Chinese electronics industry. *Strategic Management Journal*, 1994. 15(1), 1 – 20.

[248] Terreros, I. S. &·Gorriz, C. G. The effect of organizational form and vertical integration on efficiency: An empirical comparison between co-operatives and investor owned firms. *African Journal of Business Manage-ment*, 2011, 5(1), 168 – 178.

[249] Terziovski, W. M. &·Samson, D. The link between total quality management practice and organisational performance. *International Journal of Quality & Reliability Management*, 1999, 16(3), 226 – 237.

[250] Tesluck, P. E, Vance, R. J. &·Mathieu, J. E. Examining employee involvement in the context of participative work environments. *Group & Or-ganization Management*, 1999, 24(3), 271 – 299.

[251] Theuvsen, L. &·Franz, A. The role and success factors of livestock trading cooperatives: Lessons from German pork production. *International Food and Agribusiness Management Review*, 2007, 10(3), 90 – 112.

[252] Thomas, A. The rise of social cooperatives in Italy. *International Jour-nal of Voluntary and Nonprofit Organizations*, 2004, 15(3), 243 – 263.

[253] Torfi, A, Kalantari, K. &·Mohammadi, Y. Effective components on so-cial capital in rural production cooperatives in Koohdasht county of Lorestan prov-ince. *African Journal of Agricultural Research*, 2011, 6(24), 5512 – 5519.

[254] Townsend, R. E. Fisheries self-governance: corporate or coopera-tive structures. *Marine Policy*, 1995, 19(1), 39 – 45.

[255] Trechter, D. D, King, R. P, Cobia, D. W. et al. Case studies of ex-ecutive compensation in agricultural cooperatives. *Review of Agricultural Economics*, 1997, 19(2), 492 – 503.

［256］Trechter, D. D. & King, R. P. Executive compensation patterns and practices in Minnesota and Wisconsin cooperatives. *Journal of Cooperatives*, 1995(10), 49 – 63.

［257］Tsorbatzoudis, H, Alexandris, K, Zahariadis, P. et al. Examining the relationship between recreational sport participation and intrinsic and extrinsic motivation and amotivation. *Perceptual and Motor Skills*, 2006, 103 (2), 363 – 374.

［258］Tsui, A. S, Wang, H. & Xin, K. R. Organizational culture in China: an Analysis of culture dimensions and culture types. *Management and Organization Review*, 2006, 2(3), 345 – 376.

［259］Turnbull, S. Case study: Innovations in corporate governance: The mondragónexperience. *Corporate Governance: An International Review*, 1995, 3(3), 167 – 180.

［260］Turnbull, S. Stakeholder democracy: Redesigning the governance of firms and bureaucracies. *Journal of Socio-Economics*, 1994, 23(3), 321 – 360.

［261］Valkila, J. & Nygren, A. Impacts of fair trade certification on coffee farmers, cooperatives, and laborers in Nicaragua. *Agriculture and Human Values*, 2010, 27(3), 321 – 333.

［262］Vanhanen, T. A new dataset for measuring democracy: 1810 — 1998. *Journal of Peace Research*, 2000, 37(2), 251 – 265.

［263］Vecchione, M. & Caprara, G. V. Personality determinants of political participation: The contribution of traits and self-efficacy beliefs. *Personality and Individual Differences*, 2009, 46(4), 487 – 492.

［264］Venkatraman, N. & Ramanujam, V. Measurement of business performance in strategy research: A comparison of approaches. *The Academy of Management Review*, 1986, 11(4), 801 – 814.

［265］Venkatraman, N. & Vasudevan, R. Measurement of business economic performance: An examination of method convergence. *Journal of Management*, 1987, 13(1), 109 – 122.

［266］Wadsworth, J. J. an Analysis of major farm characteristics and farmers' use of cooperatives. *Journal of Agricultural Cooperatives*, 1991 (6), 45 – 53.

[267] Wagner, J. A. I. Participation's effects on performance and satisfaction: A reconsideration of research evidence. *The Academy of Management Review*, 1994, 19(2), 312 – 330.

[268] Wang, D, Tsui, A. S, Zhang, Y. C. et al. Employment relationships and firm performance: evidence from an emerging economy. *Journal of Organizational Behavior*, 2003, 24(5), 511 – 535.

[269] Wang, H, Tsui, A. S. & Xin, K. R. CEO leadership behaviors, organizational performance, and employees' attitudes. *The Leadership Quarterly*, 2011, 22(1), 92 – 105.

[270] Wang, Z. M. & Satow, T. The effects of structural and organizational factors on socio-psychological orientation in joint ventures. *Journal of Managerial Psychology*, 1994b, 9(4), 22 – 30.

[271] Wang, Z. M. & Satow, T. The patterns of human resource management: Eight cases of Chinese-Japanese joint ventures and two cases of wholly Japanese ventures. *Journal of Managerial Psychology*, 1994a, 9(4), 12 – 21.

[272] Wen, W, Chen, Y. H. & Chen, I. C. A knowledge-based decision support system for measuring enterprise performance. *Knowledge-Based Systems*, 2008, 21(2), 148 – 163.

[273] Westgren, R. E, Foreman, P. O. & Whetten, D. A. *Identification and member commitment to agricultural cooperatives*. Working Paper, University of Missouri, Columbia, 2009.

[274] Wolf, E. R. *Peasant Wars of the 20th Century*, Norman, University of Oklahoma Press, 1999, 22 – 23.

[275] Wollni, M. & Zeller, M. Do farmers benefit from participating in specialty markets and cooperatives? The case of coffee marketing in Costa Rica1. *Agricultural Economics*, 2007, 37(2—3), 243 – 248.

[276] Yiridoe, E. K, Atari, D. O. A, Gordon, R. et al. Factors influencing participation in the Nova Scotia environmental farm plan program. *Land Use*

Policy, 2010, 27 (4), 1097 – 1106.

[277] Zeuli, K. & Betancor, A. *The effects of cooperative competition on member loyalty*. Paper presented at the NCERE-194 Annual Meeting, Minneapolis, MN, 2005.

[278] Zeuli, K. & Cropp, R. *Cooperatives: Principles and practices in the 21st century*. Report A1457, University of Wisconsin, Cooperative Extension Service, 2004.

[279] Zhang, Y. C. & Li, S. L. High performance work practices and firm performance: evidence from the pharmaceutical industry in China. *The International Journal of Human Resource Management*, 2009, 20(11), 2331 – 2348.

[280] Zheng, S, Wang, Z. & Song, S. Farmers' behaviors and performance in cooperatives in Jilin Province of China: A case study. *The Social Science Journal*, 2011, 48(3), 449 – 457.

[281] Zusman, P. Constitutional selection of collective-choice rules in a cooperative enterprise. *Journal of Economic Behavior and Organization*, 1992(17), 353 – 362.

[282] Zusman, P. Group choice in an agricultural marketing co-operative. *The Canadian Journal of Economics*, 1982, 15(2), 220 – 234.

[283] [美]本杰明·巴伯. 强势民主. 长春:吉林人民出版社, 2006: 170—172.

[284] 蔡方柏. 法国农业跨越式发展对我国农业发展的启示. 华中农业大学学报(社会科学版), 2010(1), 12—15.

[285] 蔡荣. "合作社＋农户"模式:交易费用节约与农户增收效应——基于山东省苹果种植农户问卷调查的实证分析. 中国农村经济, 2011(1), 58—65.

[286] 操秀英, 陈瑜. 中国科协第十一届年会代表:农技协与农民专业合作社互支撑共发展. 科技日报, 2009-9-15.

[287] 曹建民, 胡瑞法, 黄季焜. 技术推广与农民对新技术的修正采用:农民参与技术培训和采用新技术的意愿及其影响因素分析. 中国软科学, 2005(6), 60—66.

[288] 常青, 张建华. 丹麦与中国农业合作社之比较研究. 农业经济问题,

2011(2),25—31,110.

[289] 车文博.当代西方心理学新词典.长春:吉林人民出版社,2001:64—65.

[290] 陈洁.妇女参与农民合作经济组织的状况、问题及建议——四川仁寿县清见柑橘协会和清见果业合作社案例研究.妇女研究论丛,2008(2),35—39.

[291] 陈俊梁,陈建荣.合作社治理结构新模式.中国农民合作社,2010(8),39—41.

[292] 陈明亮.结构方程建模方法的改进及在 CRM 实证中的应用.科研管理,2004(2),70—75.

[293] 陈锡文.当前农村改革发展的形势和总体思路.浙江大学学报(人文社会科学版),2009(4),101—106.

[294] 陈应侠,黄永安.关于农民专业合作社若干财务问题的思考.经济问题,2009(8),69—72.

[295] 陈振明,李东云."政治参与"概念辨析.东南学术,2008(4),104—110.

[296] 程克群,孟令杰.农民专业合作社绩效评价指标体系的构建.经济问题探索,2011(3),70—75.

[297] 崔宝玉,陈强.资本控制必然导致农民专业合作社功能弱化吗.农业经济问题,2011(2),8—15,110.

[298] 崔宝玉,李晓明.资本控制下的合作社功能与运行的实证分析.农业经济问题,2008(1),40—47,111.

[299] 崔宝玉,张忠根,李晓明.资本控制型合作社合作演进中的均衡——基于农户合作程度与退出的研究视角.中国农村经济,2008(9),63—71.

[300] 崔宝玉.股份合作社运行规范化的实证分析——对浙江台州和湖州 42 家合作社的调查.西北农林科技大学学报(社会科学版),2009(2),1—5.

[301] 崔宝玉.农民专业合作社治理结构与资本控制.改革,2010(10),109—114.

[302] 崔宝玉.农民专业合作社中的委托代理关系及其治理.财经问题研究,2011(2),102—107.

[303] [英]戴维·赫尔德.民主的模式.北京:中央编译出版社,2008:1—5,272.

[304] 戴维奇,魏江.集群企业创业行为的测度及其影响效应——以浙江

永康五金产业集群为例.科学学研究,2010(10),1502—1510,1466.

[305]丁建军.对农民专业合作社内部治理几个问题的思考——基于湖北省荆门市农民专业合作社的调查.农村经济,2010(3),116—118.

[306]董进才.专业合作社农民政治参与状况分析——基于浙江省示范合作社的调查.农业经济问题,2009(9),45—51.

[307]董石桃.公民参与和民主发展——自由民主和参与式民主的比较及其启示.黑龙江社会科学,2010(3),26—30.

[308]董晓波.农民专业合作社高管团队集体创新与经营绩效关系的实证研究.农业技术经济,2010(8),117—122.

[309]杜建政,赵国祥,刘金平.测评中的共同方法偏差.心理科学,2005(2),420—422.

[310]杜亮亮,金爱武.林业类农民专业合作社状况分析——以浙江省丽水市为例.林业经济,2010(5),49—53.

[311]樊红敏.新型农民专业合作经济组织内卷化及其制度逻辑——基于对河南省 A 县和 B 市的调查.中国农村观察,2011(6),12—21,45,94.

[312]高海.合作社核心成员兼任管理者的"责"与"利".华中科技大学学报(社会科学版),2009(4),86—91.

[313]龚建文.从家庭联产承包责任制到新农村建设——中国农村改革30 年回顾与展望.江西社会科学,2008(5),229—238.

[314]桂玉,徐顽强.农民合作经济组织治理结构变革的动因分析.社会科学战线,2010(5),75—79.

[315]郭富青.西方国家合作社公司化趋向与我国农民专业合作社法的回应.农业经济问题,2007(6),4—11,110.

[316]郭红东,陈敏.农户参与专业合作社的意愿及影响因素.商业研究,2010(6),168—171.

[317]郭红东,陈敏和韩树春.农民专业合作社正规信贷可得性及其影响因素分析——基于浙江省农民专业合作社的调查.中国农村经济,2011(7),25—33.

[318]郭红东,蒋文华."行业协会＋公司＋合作社＋专业农户"订单模式的实践与启示.中国农村经济,2007(4),48—52.

[319] 郭红东,蒋文华.影响农户参与专业合作经济组织行为的因素分析——基于对浙江省农户的实证研究.中国农村经济,2004(5),10—16,30.

[320] 郭红东,钱崔红.关于合作社理论的文献综述.中国农村观察,2005(1),72—77,80.

[321] 郭红东,田李静.大户领办型农民专业合作社研究——以箬横西瓜合作社为例.学会,2010(1),27—30,64.

[322] 郭红东,杨海舟,张若健.影响农民专业合作社成员对社长信任的因素分析——基于浙江省部分成员的调查.中国农村经济,2008(8),52—60.

[323] 郭红东,袁路明,林迪.影响成员对合作社满意度因素的分析.西北农林科技大学学报(社会科学版),2009(5),32—36.

[324] 郭红东,徐旭初,邵雪伟,陆宏强.我国农民专业合作经济组织发展的完善与创新——基于对浙江省实践的分析.中国软科学,2004(12),1—9.

[325] 郭红东.影响农民专业合作社成长的因素分析——基于浙江省部分农民专业合作社的调查.中国农村经济,2009(8),24—31.

[326] 郭熙保,黄灿.刘易斯模型、劳动力异质性与我国农村劳动力选择性转移.河南社会科学,2010(2),64—68,218.

[327] 郭晓鸣,廖祖君.公司领办型合作社的形成机理与制度特征——以四川省邛崃市金利猪业合作社为例.中国农村观察,2010(5),48—55,84.

[328] 郭晓鸣,廖祖君,付娆.龙头企业带动型、中介组织联动型和合作社一体化三种农业产业化模式的比较——基于制度经济学视角的分析.中国农村经济,2007(4),40—47.

[329] 郭艳芹,孔祥智.完善机制是合作社健康发展关键.农村工作通讯,2009(10),12—13.

[330] 国家发展改革委价格司.全国农产品成本收益资料汇编,北京:中国统计出版社,2009:556.

[331] 国鲁来.促进农民专业合作社的规范发展.中国经贸导刊,2008(5),18—19.

[332] 国鲁来.农民专业合作社需要制度创新.农村经济,2011(5),3—6.

[333] 韩洁,薛桂霞.农民专业合作社利润分配机制研究——以浙江省临海市翼龙农产品合作社为案例.农业经济问题,2007(S1),148—152.

[334] 何安华,孔祥智.农民专业合作社对成员服务供需对接的结构性失衡问题研究.农村经济,2011(8),6—9.

[335] 贺雪峰.农民的分化与三农研究的常识.中共宁波市委党校学报,2009(4),34—40.

[336] 洪银兴,郑江淮.反哺农业的产业组织与市场组织——基于农产品价值链的分析.管理世界,2009(5),67—79,187—188.

[337] 侯保疆.地方政府在农民专业合作组织发展中的职能.社会主义研究,2007(6),144—146.

[338] 侯杰泰,成子娟.结构方程模型的应用及分析策略.心理学探新,1999(1),54—59.

[339] 胡定寰,杨伟民,张瑜."农超对接"与农民专业合作社发展.农村经营管理,2009(8),12—14.

[340] 胡伟.民主与参与:走出貌合神离的困境? ——评卡罗尔·帕特曼的参与民主理论.政治学研究,2007(1),117—121.

[341] 胡宗山.农村合作社:理论、现状与问题.江汉论坛,2007(4),16—19.

[342] 黄季焜,邓衡山,徐志刚.中国农民专业合作经济组织的服务功能及其影响因素.管理世界,2010(5),75—81.

[343] 黄珺,朱国玮.基于成员承诺的农民合作经济组织治理机制研究.经济问题探索,2008(6),52—55.

[344] 黄珺,朱国玮.异质性成员关系下的合作均衡——基于我国农民合作经济组织成员关系的研究.农业技术经济,2007(5),38—43.

[345] 黄胜忠,林坚,徐旭初.农民专业合作社治理机制及其绩效实证分析.中国农村经济,2008(3),65—73.

[346] 黄胜忠,徐旭初.成员异质性与农民专业合作社的组织结构分析.南京农业大学学报(社会科学版),2008(3),1—7,43.

[347] 黄胜忠,徐旭初,金士平.农民专业合作社发展与新农村建设.高等农业教育,2007(9),92—95.

[348] 黄胜忠.农业合作社的环境适应性分析.开放时代,2009(4),27—35.

[349] 黄胜忠.转型时期农民专业合作社的成长机制研究.经济问题,2008b(1),87—90.

[350] 黄胜忠.转型时期农民专业合作社的组织行为研究：基于成员异质性的视角.杭州：浙江大学出版社,2008a:15—39.

[351] 黄文义,李兰英,童红卫,王飞,陈雪芹.农户参与林业专业合作社的影响因素分析——基于浙江省的实证研究.林业经济问题,2011(2),102—105.

[352] 黄渝祥,孙艳,邵颖红,王树娟.股权制衡与公司治理研究.同济大学学报(自然科学版),2003(9):1102—1105,1116.

[353] 黄祖辉,扶玉枝,徐旭初.农民专业合作社的效率及其影响因素分析.中国农村经济,2011(7),4—13,62.

[354] 黄祖辉,徐旭初.基于能力和关系的合作治理——对浙江省农民专业合作社治理结构的解释.浙江社会科学,2006(1),62—68.

[355] 黄祖辉,张静 K. Chen,交易费用与农户契约选择——来自浙冀两省 15 县 30 个村梨农调查的经验证据.管理世界,2008(9),76—81.

[356] 冀县卿.企业家才能、治理结构与农地股份合作制制度创新——对江苏渌洋湖土地股份合作社的个案解析.中国农村经济,2009(10),42—50.

[357] 蒋本国.参与式民主理论初探.学习与探索,2002(6),28—30.

[358] [美]杰克·奈特,詹姆斯·约翰逊.协商民主需要什么样的政治平等.陈家刚.协商民主.上海：上海三联书店,2004:239—266.

[359] [美]卡尔罗·佩特曼.参与和民主理论.上海：上海人民出版社,2006:39—67,92—103.

[360] 孔繁金.农村阶层分化后农民诉求表达的新变化及对策分析.理论探讨,2009(1),9—12.

[361] 孔祥智,陈丹梅.政府支持与农民专业合作社的发展.教学与研究,2007(1),17—20.

[362] 孔祥智,史冰清.大力发展服务于民的农民专业合作社.江西社会科学,2009b(1),24—30.

[363] 孔祥智,史冰清.当前农民专业合作组织的运行机制、基本作用及影响因素分析.农村经济,2009a(1),3—9.

[364] [美]M.L.库克,C.伊利奥普洛斯.集体行动中的不明晰产权：美国农业合作社的案例.科斯,诺斯和威廉姆森等.制度、契约与组织.北京：经济科学出版社,2003:390—405.

[365] 雷兴虎,刘观来.激励机制视野下我国农业合作社治理结构之立法完善.法学评论,2011(6),100—108.

[366] 李华,李凤绮,陈飞平,曹建华.江西省农户参与林业合作组织的意愿及其影响因素分析.林业经济问题,2010:30(5),381—384.

[367] 李书玲,韩践,张一弛.员工的素质能力在 HPWS 与企业竞争优势关系中的中介作用研究.经济科学,2006(5),110—119.

[368] 李莹,杨伟民,张侃,胡定寰.农民专业合作社参与"农超对接"的影响因素分析.农业技术经济,2011(5),65—71.

[369] 李卓鹏.当代中国的农民分化.教学与研究,1999(10),52—58,81.

[370] 梁巧,黄祖辉.关于合作社研究的理论和分析框架:一个综述.经济学家,2011(12),77—85.

[371] 廖媛红.农民专业合作社的内部社会资本与绩效关系研究.农村经济,2011(7),126—129.

[372] 林坚,黄胜忠.成员异质性与农民专业合作社的所有权分析.农业经济问题,2007(10),12—17.

[373] 林坚,马彦丽.我国农民的社会分层结构和特征——一个基于全国1185 分调查问卷的分析.湘潭大学学报(哲学社会科学版),2006(1),15—21.

[374] 林嵩,姜彦福.结构方程模型理论及其在管理研究中的应用.科学学与科学技术管理,2006(2),38—41.

[375] 林震岩.多变量分析——SPSS 的操作与应用.北京:北京大学出版社,2007:591—593.

[376] 凌文辁,张治灿,方俐洛.中国职工组织承诺研究.中国社会科学,2001(2),90—102,206.

[377] 刘滨,陈池波,杜辉.农民专业合作社绩效度量的实证分析——来自江西省 22 个样本合作社的数据.农业经济问题,2009(2),90—95,112.

[378] 刘滨,池泽新,李道和.农民专业合作社成员资格开放度研究——以江西省为例.农业技术经济,2009(6),78—85.

[379] 刘承芳,张林秀,樊胜根.农户农业生产性投资影响因素研究——对江苏省六个县市的实证分析.中国农村观察,2002(4),34—42,80.

[380] 刘登高.农民专业合作社的八大功能.农村经营管理,2007(8),27—28.

[381] 刘婷.不同环境下农民专业合作社的形成路径探析——基于 ANT 视角的实证研究.农业经济问题,2011(2),16—24,110.

[382] 刘亚,龙立荣,李晔.组织公平感对组织效果变量的影响.管理世界,2003(3),126—132.

[383] 刘永建.农民专业合作社理事长领导理念探讨——以常德市为例.经济研究导刊,2009(8),48—49.

[384] 刘勇.西方农业合作社理论文献综述.华南农业大学学报(社会科学版),2009(4),54—63.

[385] 刘宇翔,王征兵.芬兰农民合作组织管理的分析与借鉴:影响农民参与组织管理的因素研究.农业经济问题,2009(3),103—109.

[386] 刘宇翔.农民合作组织成员参与管理的意愿与行为分析——以陕西省为例.农业技术经济,2011(5),78—86.

[387] 刘媛媛.从服务内容看合作社竞争力.中国农民合作社,2010(10),39—41.

[388] 卢新国.农民专业合作社盈余分配现状及对策研究.调研世界,2009(11),17—19,8.

[389] 陆学艺,张厚义.农民的分化、问题及其对策.农业经济问题,1990(1),16—21.

[390] 陆学艺.发展变化中的中国农业、农村与农民.中国社会科学院研究生院学报,2006(4),42—48.

[391] 陆学艺.重新认识农民问题——十年来中国农民的变化.社会学研究,1989(6),1—14.

[392] 马丁丑,刘发跃,杨林娟,王文略.欠发达地区农民专业合作社信贷融资与成长发育的实证分析——基于对甘肃省示范性农民专业合作社的调查.中国农村经济,2011(7),34—41.

[393] 马晓河,黄汉权,蓝海涛.我国农村改革 30 年的成就、问题与今后改革思路.宏观经济研究,2008(11),3—8.

[394] 马彦丽,孟彩英.我国农民专业合作社的双重委托-代理关系——兼论存在的问题及改进思路.农业经济问题,2008(5),55—60,111.

[395] 马彦丽.我国农民专业合作社的制度解析.北京:中国社会科学出

版社,2007:43—50.

[396]门炜,任大鹏.外部资源对农民专业合作社发展的介入影响分析.农业经济问题,2011(12),29—34.

[397]潘劲.妇女参与合作社治理:现状、问题与对策——"妇女在合作社治理中的作用"国际研讨会综述.中国农村经济,2008(2),76—80.

[398]彭莹莹.农民专业合作社企业家及成长因素研究综述.中国农学通报,2010(17),439—442.

[399]钱贵霞,李宁辉.不同粮食生产经营规模农户效益分析.农业技术经济,2005(4),60—63.

[400][美]乔万尼·萨托利.民主新论.上海:上海人民出版社,2009:19—23.

[401]屈小博,霍学喜.交易成本对农户农产品销售行为的影响——基于陕西省6个县27个村果农调查数据的分析.中国农村经济,2007(8),35—46.

[402]任大鹏,郭海霞.多主体干预下的合作社发展态势.农村经营管理,2009(3),22—24.

[403]戎承法,楼栋.专业合作基础上发展资金互助的效果及其影响因素分析——基于九省68家开展资金互助业务的农民专业合作社的调查.农业经济问题,2011(10),89—95,112.

[404]汝信.社会科学新辞典.重庆:重庆出版社,1988:53—54.

[405][美]塞缪尔·P.亨廷顿,琼·纳尔逊.难以抉择——发展中国家的政治参与,北京:华夏出版社,1989:1—7.

[406]生秀东.订单农业的契约困境和组织形式的演进.中国农村经济,2007(12),35—39,46.

[407]史冰清,靳兴初,孔祥智.产业链中影响农户横向合作行为意愿的因素分析——基于鲁、陕、晋三省(区)调查的实证研究.江汉论坛,2010(1),39—44.

[408]宋茂华.农民专业合作组织治理机制研究.农村经济,2007(2),126—129.

[409]孙迪亮.农民合作社的十大功能.经济问题探索,2005(1),91—93.

[410]孙亚范,王凯.农民生产服务合作社的发展和运行机制分析——基于江苏省的调查.农业经济问题,2010(11),28—33,110—111.

[411] 孙亚范,余海鹏.成员认知、利益需求与农民合作的制度安排分析——基于江苏的调研数据.南京农业大学学报(社会科学版),2009(2),1—8.

[412] 孙亚范.农民专业合作经济组织的利益机制及其激励效应评析.学会,2010(1),31—35.

[413] 孙亚范.农民专业合作经济组织利益机制及影响因素分析——基于江苏省的实证研究.农业经济问题,2008(9),48—56.

[414] 孙艳华,周力,应瑞瑶.农民专业合作社增收绩效研究——基于江苏省养鸡农户调查数据的分析.南京农业大学学报(社会科学版),2007(2),22—27.

[415] 谭小芳,李焱.农民专业合作社财务风险分析及防范机制.农业技术经济,2011(10),115—120.

[416] 谭智心,孔祥智.不完全契约、非对称信息与合作社经营者激励——农民专业合作社"委托—代理"理论模型的构建及其应用.中国人民大学学报,2011(5),34—42.

[417] 唐华仓.农民专业合作社运作中的经验与问题——第四届农业政策理论与实践研讨会(河南会议)综述.农业经济问题,2008(1),103—106.

[418] 唐宗焜.合作社功能和社会主义市场经济.经济研究,2007(12),11—23.

[419] 藤荣刚,周若云,张瑜,胡定寰.日本农业协同组织的发展新动向与面临的挑战——日本案例和对中国农民专业合作社的启示.农业经济问题,2009(2),103—109.

[420] 田珍.农民群体分化与农民工市民化.宁夏社会科学,2009(5),66—70.

[421] 仝志辉,温铁军.资本和部门下乡与小农户经济的组织化道路——兼对专业合作社道路提出质疑.开放时代,2009(4),5—26.

[422] 万能,原新.1978年以来中国农民的阶层分化:回顾与反思.中国农村观察,2009(4),65—73.

[423] 汪先平,曹成.关于当代中国农民的思考.合肥工业大学学报(社会科学版),2007(6),17—20.

[424] 王厚俊,孙小燕.我国农民专业合作经济组织发展过程中的问题及对

策研究——结合安徽省霍山县案例的分析.农业经济问题,2006(7),27—30,79.

[425] 王金凯,贾大猛,王凡.农产品供应链中的合作社:合意的农业组织化载体.农村经营管理,2009(4),21—22.

[426] 王军.合作社治理:文献综述.中国农村观察,2010a(2),71—77,86.

[427] 王军.农民专业合作社治理模式研究.经济论坛,2010b(12),44—48.

[428] 王军.中国农民专业合作社成员机会主义行为的约束机制分析.中国农村观察,2011(5),25—32,95.

[429] 王克亚,刘婷,邹宇.欠发达地区农户参与专业合作社意愿调查研究.经济纵横,2009(7),71—73.

[430] 王曙光.论新型农民合作组织与农村经济转型.北京大学学报(哲学社会科学版),2010(3),112—117.

[431] 王拓,高建中.基于农户需求的农民专业合作社功能建设研究.农村经济,2009(11),123—125.

[432] 王勇.产业扩张、组织创新与农民专业合作社成长——基于山东省5个典型个案的研究.中国农村观察,2010(2),63—70.

[433] 王忠海,赵国杰,郭春丽.农民专业合作社的功能系统与属性分析——基于北京市房山区的实践.西北农林科技大学学报(社会科学版),2009(3),10—12.

[434] 吴明隆.结构方程模型——AMOS的操作与应用.重庆:重庆大学出版社,2010:263—266,272—287.

[435] 吴卫星,齐天翔.流动性、生命周期与投资组合相异性——中国投资者行为调查实证分析.经济研究,2007(2),97—110.

[436] [美]伍德里奇.横截面与面板数据的经济计量分析.北京:中国人民大学出版社,2007(b):157—204.

[437] [美]伍德里奇.计量经济学导论(下).北京:中国人民大学出版社,2007(a):534—535,576—578.

[438] 席爱华,陈宝峰.农机户参与农机合作组织的意愿研究.农业技术经济,2007(4),109—112.

[439] 夏冬泓,杨杰.合作社收益及其归属新探.农业经济问题,2010(4),

33—40,110.

[440] 夏英,宋彦峰,濮梦琪.以农民专业合作社为基础的资金互助制度分析.农业经济问题,2010(4),29—33,110.

[441] 辛翔飞,秦富,王秀清.中西部地区农户收入及其差异的影响因素分析.中国农村经济,2008(2),40—52.

[442] 熊万胜.关于农民合作发生机制的文献综述.华东理工大学学报(社会科学版),2008(4),42—47,52.

[443] 徐莉萍,辛宇,陈工孟.股权集中度和股权制衡及其对公司经营绩效的影响.经济研究,2006(1),90—100.

[444] 徐旭初,黄胜忠.走向新合作——浙江省农民专业合作社发展研究.北京:科学出版社,2009:8—82.

[445] 徐旭初,贾广东,刘继红.德国农业合作社发展及对我国的几点启示.农村经营管理,2008(5),38—42.

[446] 徐旭初,吴彬.治理机制对农民专业合作社绩效的影响——基于浙江省526家农民专业合作社的实证分析.中国农村经济,2010(5),43—55.

[447] 徐旭初.农民专业合作:基于组织能力的产权安排——对浙江省农民专业合作社产权安排的一种解释.浙江学刊,2006(3),177—182.

[448] 徐旭初.新形势下我国农民专业合作社的制度安排.农村经营管理,2008(11),13—16.

[449] 徐旭初.中国农民专业合作经济组织的制度分析.北京:经济科学出版社,2005:1—67,159—212,340—342.

[450] 徐旭初.走向供应链管理农业合作社的困境与创新.农村经营管理,2007(1),15—17.

[451] 许文富.农业合作:原理与实务.台北:丰年社,2003:149—164.

[452] 严进,谢小云.企业员工的主动精神:结构探索与验证.商业经济与管理,2009(10),34—39.

[453] 杨尚威,杨丹.区域差异与政府行为的关联度:解构农民专业合作社.改革,2011(11),97—104.

[454] [日]伊藤顺一,包宗顺,苏群.农民专业合作社的经济效果分析——以南京市西瓜合作社为例.中国农村观察,2011(5),2—13,95.

[455] 益智.美国的扶农政策与农业生产率——基于二战后美国农业发展的实证研究.中国农村经济,2004(9),75—79.

[456] 应瑞瑶.论农业合作社的演进趋势与现代合作社的制度内核.南京社会科学,2004(1),13—18.

[457] 由卫红,邓小丽,傅新红.农民专业合作社的社会网络关系价值评价体系与盈利绩效研究——基于四川省的实证分析.农业技术经济,2011(8),96—104.

[458] 余艳锋,罗青平,戴天放,邓仁根,刘玉秀.构建适宜我国农民专业合作社特征的财务管理制度.农村经济,2009(1),126—129.

[459] 苑鹏,曹海清.妇女专业合作社发展初探——以山东省潍坊地区两家妇女专业合作社为例.中国农村观察,2001(4),53—58,81.

[460] 苑鹏,任广吉.合作社领办人在农民专业合作社发展中的作用初探——四川省平武县高山蔬菜专业合作社的故事.中国农民合作社,2009(5),23—25.

[461] 苑鹏.部分西方发达国家政府与合作社关系的历史演变及其对中国的启示.中国农村经济,2009a(8),89—96.

[462] 苑鹏.对公司领办的农民专业合作社的探讨——以北京圣泽林梨专业合作社为例.管理世界,2008b(7),62—69.

[463] 苑鹏.关于理顺农民合作组织产权关系的思考.中国合作经济,2004(1),35.

[464] 苑鹏.农民专业合作经济组织发展的未来展望.农村经营管理,2008a(11),10—12.

[465] 苑鹏.农民专业合作社的财政扶持政策研究.经济研究参考,2009b(41),3—11.

[466] 苑鹏.农民专业合作社联合社发展的探析——以北京市密云县奶牛合作联社为例.中国农村经济,2008c(8),44—51.

[467] 曾明星,杨宗锦.农民专业合作社利益分配模型研究.华东经济管理,2011(3),68—70.

[468] 张钢,熊立.成员异质性与团队绩效:以交互记忆系统为中介变量.科研管理,2009(1),71—80.

[469] 张广胜,周娟,周密.农民对专业合作社需求的影响因素分析——基于沈阳市200个村的调查.农业经济问题.2007(11),68—73.

[470] 张国平.合作社的法人类型和经济属性.江海学刊,2007(5),131—136,239.

[471] 张红宇.农业结构调整与国民经济发展.管理世界,2000(5),153—162.

[472] 张会萍,倪全学,杨国涛.农村土地信用合作社对农户家庭收入的影响分析——基于宁夏平罗县225个农户的实证调查.农业技术经济,2011(12),94—99.

[473] 张开华,张清林.农民专业合作社成长的困惑与思考.农业经济问题,2007(5),62—66.

[474] 张晓山.促进以农产品生产专业户为主体的合作社的发展——从浙江农民专业合作社的兴起再看中国农业经营方式的走向.农村经营管理,2005(4),11—14.

[475] 张晓山.农民专业合作社的发展趋势探析.管理世界,2009(5),89—96.

[476] 张晓雯.农户对专业合作社依存性影响因素分析——基于山东等四省408户农户调查数据的分析.中央财经大学学报,2011(1),44—49.

[477] 张学军.论美国农业经销合作社规范的演变及其启示.浙江大学学报(人文社会科学版),2011(4),119—133.

[478] 张雪莲,冯开文.农民专业合作社决策权分割的博弈分析.中国农村经济,2008(8),61—69.

[479] 张雪莲,冯开文,段振文.农村合作社的激励机制探析——基于北京市10区县77个合作社的调查.经济纵横,2011(2),60—63.

[480] 张忠根,史清华.农地生产率变化及不同规模农户农地生产率比较研究——浙江省农村固定观察点农户农地经营状况分析.中国农村经济,2001(1),67—73.

[481] 张忠根,王玉琳.农民专业合作社的发展机遇与挑战.福建论坛(人文社会科学版),2009(9),19—21.

[482] 章奇,米建伟,黄季焜.收入流动性和收入分配:来自中国农村的经验证据.经济研究,2007(11),123—138.

[483] 赵玻,陈阿兴.美国新一代合作社:组织特征、优势及绩效.农业经

济问题,2007(11),99—103,112.

[484] 赵佳荣.农户对专业合作社的需求及其影响因素比较——基于湖南省两类地区农户的实证分析.中国农村经济,2008(11),18—26.

[485] 赵鲲,门炜.关于合作社基本特征的分析和思考——从合作社与有限责任公司对比的角度.中国农村观察,2006(3),23—31,80.

[486] 赵兴泉.创新农民专业合作社经营机制的思考.农村工作通讯,2011(8),30—33.

[487] 浙江省发展和改革委员会,浙江省经济体制改革工作领导小组办公室.2008年浙江改革形势分析报告.浙江经济,2009(18),30—37.

[488] 郑丹.农民专业合作社盈余分配状况探究.中国农村经济,2011(4),74—80.

[489] 周波,陈昭玖.农内因素对农户非农就业的影响研究.农业技术经济,2011(4),19—24.

[490] 周春芳,包宗顺,农民专业合作社产权结构实证研究——以江苏省为例.西北农林科技大学学报(社会科学版),2010(6),14—18,23.

[491] 周浩,龙立荣.共同方法偏差的统计检验与控制方法.心理科学进展,2004(6),942—950.

[492] 周应恒,王爱芝.我国农民专业合作社股份化成因分析——基于企业家人力资本稀缺性视角.经济体制改革,2011(5),75—78.

[493] 朱红根,陈昭玖,翁贞林,刘小春.稻作经营大户对专业合作社需求的影响因素分析——基于江西省385个农户调查数据.农业经济问题,2008(12),71—78.

[494] 朱晓妹,王重鸣.员工心理契约及其组织效果研究.管理工程学报,2006(3),123—125.

索　引

致　谢

　　本书是在笔者博士论文的基础上修改形成的。回首 2003 年到 2012 年自己在求是园的求学路，有太多的人和事需要感谢。

　　首先，感谢我本科时期的几位老师，没有他们，就没有机会开启我读博的人生经历：

　　马述忠教授是我大学期间的第一任班主任，是马老师带我认识了农业经济管理专业，教会我如何适应大学生活，鼓励我在本科以后继续求学，他在过去的九年时间里一直关心着我的成长。

　　是杨翠迎教授耐心教会我撰写学术论文，鼓励我大胆投稿学术期刊，亲自指导修改了我的第一篇学术论文。

　　是陈随军副教授在我大四的人生十字路上给予了我许多具体的关心和帮助，让我得以继续求学。

　　其次，感谢我研究生期间遇到的几位老师，没有他们，就没有我的充实求学路。

　　有太多感谢要送给我的导师黄祖辉教授，黄老师用他的高瞻远瞩，给我指明求学的方向，用他的包容力和宽容度，用他的慈悲之心，不断鼓励我踏实前行，并给了我极大的求学空间。出国(境)交流访问、二十多个省的走访调研、合作社研究网的创办和发展，甚至包括三农协会的成长等都倾注了他对我的厚爱……使得我的益贫梦想得以在读博期间保持和实现。

　　必须得感谢我的导师徐旭初教授。早在大一时，自己就有幸因为一场讲座而认识了演讲嘉宾徐旭初(当时自己是讲座组织者)，那时我做梦都不曾想到三年后会师从这位极其风趣幽默的教授研究农民专业合作社，并结下如此深厚的师生情谊。徐老师在合作社研究上给了我理论与方法的系统指导，使我得以挤入合作社研究的主流队伍中；他在做人、做事乃至生活、恋爱等方面都给了我许多指点与帮助，使我得以全方面的成长。能认识徐老师是我这辈子的荣幸。

必须得感谢我的老师郭红东教授，郭老师留给我的始终是慈厚可爱的美好形象，并且郭老师总能在我求学、工作等人生最关键的时刻给我提供给力的帮助。比如，他在我去台湾大学求学之前，无偿向我提供资助；比如，文章中的合作社绩效感知评价量表的开发，郭老师也提供了指导与帮助。

再次，还得感谢其他很多关心和帮助过我的老师和同学们。

感谢钱文荣教授和毛迎春主任，两位老师堪称是浙江大学中国农村发展研究院的神雕侠侣，那么浪漫而让人羡慕，两位老师对我从来都是那么亲切、热情，我随时都可以和他们分享很多学习、生活的趣事。

感谢史清华教授，史老师既有威严的一面，又有慈爱的一面。他的威严使我认识到要认真、踏实做好学问，不敷衍了事地求学；他的慈爱又使我充分感受到他对我的关心和宽容。此外，史老师认真为学生改论文的付出精神，非常让我感动。

当然，也不能忘记了林坚教授、卫龙宝教授、陆文聪教授、张忠根教授、杨万江教授、周洁红教授、韩洪云教授、鲁柏祥博士、潘伟光副教授、金少胜副教授等老师的恩情：林老师曾向我详细讲授他对做学问的理解与认识，卫老师曾传授我在选择工作机会时要与国家发展战略紧密联系，陆老师曾在课堂上鼓励我提问并且详细回答我的问题，张老师曾在课堂上为我们孜孜不倦地讲解《资本论》，杨老师曾多次语重心长地鼓励我继续攻读研究生，周老师曾与我详细分享她的荷兰求学经历，韩老师曾认真提醒我要学习好英语、数学以及计量等基础性知识，鲁老师曾让我们认真思考人生的终极命题，潘老师曾在我择业过程中给予了具体指导，金老师年轻有为、奋发图强的精神也曾给了我巨大的人生鼓励。虽然不能更为详细地将老师们的事迹列出，但是作为学生的我不会忘记你们对我的好。农经系的老师们与学生没有距离，愿意与学生互动交流，这是我们这些农经系学生最为荣幸的事。

此外，CARD徐丽安副院长、办公室胡伟斌副主任、资料室陈兴浓和张霞老师以及文印室的曹慧英大姐等对我也非常照顾,必须要向他们表示感谢。

另外还得特别感谢姚卫红老师,正是姚老师教授的财务管理课给了自己80多的分数,使得自己突然找到了学习的乐趣和信心,由此坚定了求学的步伐。还得特别感谢企管系的谢小云老师,他的管理研究方法课,使得自己开始认识到了研究方法的重要性,就像一个士兵学会了用枪,终于不需要再使用冷兵器战斗了。

感谢浙江省农业厅的赵兴泉、童日晖、顾剑明、郑水明、郑娟、许彩燕、应风其、吕丹和徐建群等领导同志在我实习期间的关心和帮助。特别是赵兴泉和童日晖两位领导,给了我们年轻人很多机会,使得自己在实习期间得以快速成长,至今让我感动。

特别感谢台湾大学农业经济系徐世勋教授、林国庆教授、许文富教授等在我访学期间给予了大力支持。感谢张志宏、徐睿晨、郭冬颖、蔡学琳、赵枭等同学向我提供了热情帮助。在台湾近半年的时间,是我人生路上最美好的时光之一。相信未来两岸之间会更加和平、友好和繁荣。

感谢阮建青、陈劲、宋瑜、张静、曹丽平、陈立辉、金玲、俞宁、邓启明、林本喜、梁蒙、黄宝连、扶玉枝和郑阳等师兄、师姐愿意将求学经历与我分享,使自己得以少走了很多弯路。感谢我的本科生同学(如何方也、胡余箴和卢建阳)、博士生同学(如陈志新、郑黎义和朱西湖)以及与我同级的硕士生班同学(如李兮芝、刘敏、胡济飞和戴晓霞),虽然不能一一将你们的名字列出,但真的非常荣幸能与大家成为同学与朋友,过去的九年与大家一起见证了人生的成长,现在想来与大家在一起所经历的喜怒哀乐都是人生的宝贵财富。另外需要特别感谢陈林兴师兄、刘西川师兄、杨奇明师兄和梁巧师姐。是陈林兴师兄让我不用再苦恼于如何纠正错别字和改正不规范的语言表达,他的严谨、认真给了我最真切的帮助;是刘西川师兄让我明白做学问要严谨、不能浮躁,他对学术的执着是我一辈子都值得学习的榜样;是杨奇明师兄让我得以熟练掌握 Stata 分析方法,他的耐心、毫无保留地教授让我甚为感动;是梁巧师姐让我不用再去过分担心英语上的不足,她的内心强大让人佩服。

感谢吴彬、高钰玲、戴成宗、王鑫鑫、刘颖娴、高春艳、何金广、张晓莉、吴露晖和兰欢等师弟师妹,以及孙泽民、谭树龙、欧尚钧、张勇、郑旭东、王金、吴江英、吴超、胡永强、朱琼、马宁、谢邦喜、张建军、国辉、胡旭珺、王旻楠等浙江大学学生三农协会和农民合作社研究兴趣小组的战友们,是你们让我感觉到我不是一个人在战斗。

我的博士论文得到了国家自然科学基金重大国际(地区)合作研究项目"全球化背景下中国农民合作组织发展:运营模式、治理结构与比较研究"(项目批准号:71020107028)、德国莱布尼兹中东欧农业发展研究所(IAMO)和浙大中国农村发展研究院(CARD)合作研究项目以及教育部人文社会科学重点研究基地重大项目"中国贫困地区农村合作组织发展研究"(项目批准号:10JJD790017)的资助,在此表示感谢。

感谢浙江大学出版社陈丽霞博士等编辑老师为本书出版提供的支持,没有你们认真细致的工作,本书就无法如此顺利出版。

最后,还得感谢我的亲朋好友们,正因为你们,使我得生活会变得如此丰富多彩、充满快乐。

是爸妈给予了我生的权利,让我可以来人世间体会活着的快乐;而我的姑丈和姑姑、小舅和小舅妈、表哥和表姐等亲戚则在我的求学路上给我提供了许多支持和帮助。

是赵海磊、蔡旭泽伴我成长,是夏晓伏陪我度过高中学习时光;是黄贤清、张栋梁、王朋、谢崇波、叶琼、殷赟、何方也让我的大学充满意义;而毫无疑问,玲玲的微笑和快乐所带给我的积极向上的生活态度是我人生中的无价之宝,认识她是我这辈子最大的福气。

九年求是路走过了自己最宝贵的青春年华,虽然自己也曾像很多师兄、师姐一样在读博期间经历过不少失眠的夜晚,也曾困惑过自己能否顺利博士毕业……但是现在想来,那些酸甜苦辣都已成了过眼云烟,路是自己选择的,对此我无怨无悔。接下来的人生旅程,我将会怀着一颗感恩的心,继续带着服务三农的益贫梦和大家一起为三农事业而奋斗。

图书在版编目(CIP)数据

农民专业合作社成员参与：内涵、特征与作用机理/
邵科著.—杭州：浙江大学出版社，2014.3

ISBN 978-7-308-12898-8

Ⅰ.①农… Ⅱ.①邵… Ⅲ.①农业合作社—专业合作
社—研究—中国 Ⅳ.①F321.42

中国版本图书馆CIP数据核字（2014）第027388号

农民专业合作社成员参与：内涵、特征与作用机理
邵 科 著

责任编辑	陈丽霞	
文字编辑	卢 川	
封面设计	春天·书装工作室	
出版发行	浙江大学出版社	
	（杭州市天目山路148号 邮政编码310007）	
	（网址：http://www.zjupress.com）	
排 版	杭州林智广告有限公司	
印 刷	杭州杭新印务有限公司	
开 本	710mm×1000mm 1/16	
印 张	13	
字 数	200千	
版 印 次	2014年3月第1版 2014年3月第1次印刷	
书 号	ISBN 978-7-308-12898-8	
定 价	36.00元	